トヨタの
日常管理板

TOYOTA
FLOOR MANAGEMENT
DEVELOPMENT
SYSTEM

チームを1枚!で動かす

(株)OJTソリューションズ

KADOKAWA

突然ですが、
マネージャー、
リーダーの皆さん
に質問です。

1 会社の目標とメンバーの目標はつながっていますか？

2 目標達成に向けて、チームが一丸となっていますか？

3 各メンバーの仕事の進行状況を把握できていますか？

4 現場の問題を把握し、解決方法を提供していますか？

5 チーム全員が目標を達成し、「成長している」と実感できていますか？

もしも、
すべてを
同時に実現できる「しくみ」が
あるとしたら、
ほしいと思いませんか？

実はトヨタには
たった1枚でチームが動く、
魔法のようなマネジメントツールが
あります。

それこそが

トヨタの「日常管理板」。

トヨタの日常管理板を使えば、

・職場の問題を見つけ出し、
・仲間と協力して解決できる人材を育て、
・メンバー一人ひとりの日々の仕事が、
チーム全体、ひいては会社全体の
目標達成につながる

そんな理想のチームを実現できます。

トヨタでは長年、すべての生産現場で使われ、
成果を上げてきました。

「でも、それって工場とか、
繰り返し作業が中心の生産現場だから
できることでしょ？」

いいえ、

このしくみは、現在、オフィス部門はもちろん、
金融、医療・介護、小売など、
製造業以外の現場にも導入され、
成果を上げています。

それが本書で取り上げる
マネジメントの最強ツール
トヨタの「日常管理板」なのです。

トヨタの「日常管理板」とは?

日常管理板とは?

シンプルなしかけで、
職場を効率的かつスピーディーに「改善」し、
実力ある人材を育てるしくみ。

具体的には何をするもの?

1枚のボードを職場に掲示し、目標・現状・課題のすべてを「視える化」する。
毎日、情報を更新し、全員で確認・共有し、
改善を進める。

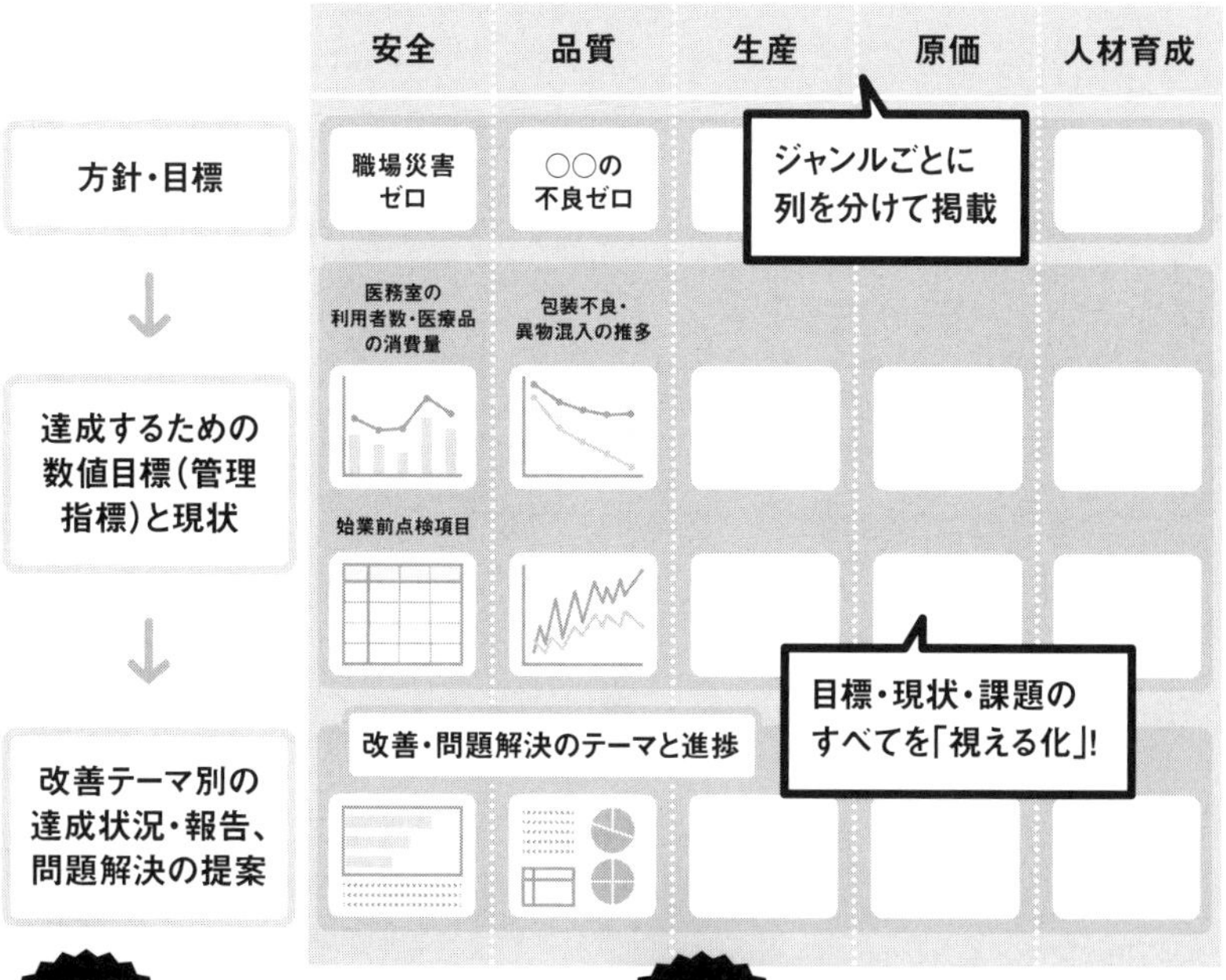

この＋アルファで効果を高める！

日々、最新情報を共有するために、担当者から報告

目標達成のための施策について、担当者は日々データを測定し、現場全員にわかりやすいようにグラフを使って日常管理板に掲示。毎日の朝会や月次会議などで報告し、現状を常に把握する。

この＋アルファで効果を高める！

結果とともにプロセスも重視する

現状把握に基づき、現場全員でアイデアを持ち寄り、日々小さなPDCAをすばやく回す。また、トヨタでは、目標達成という結果だけでなく、そこに至るプロセスも重視しており、日常管理板はプロセスを「視える化」する役割も大きい。

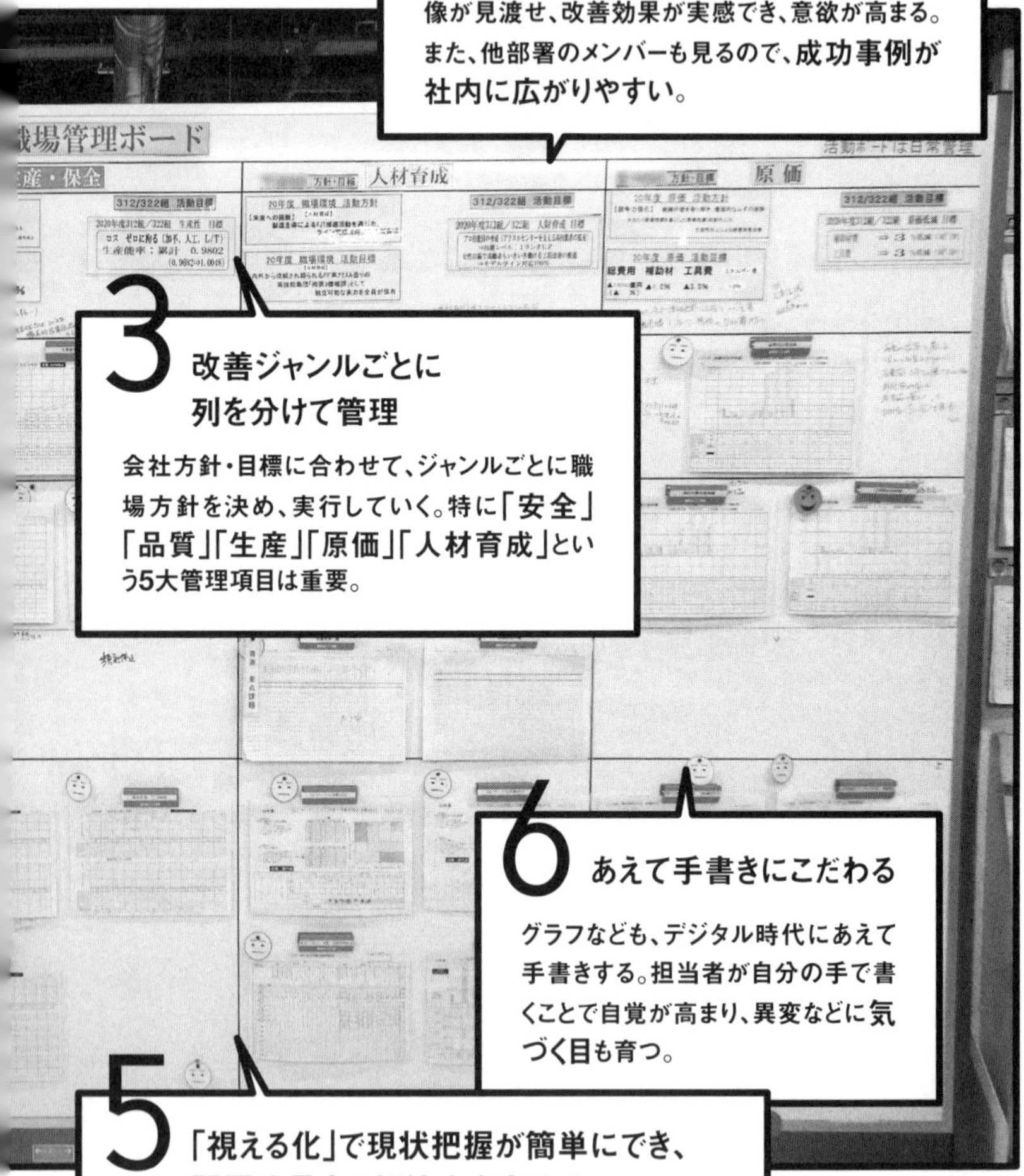

1 全員が通る場所に大きく掲示

つねに目標・現状・課題を確認・共有できる。全体像が見渡せ、改善効果が実感でき、意欲が高まる。また、他部署のメンバーも見るので、成功事例が社内に広がりやすい。

3 改善ジャンルごとに列を分けて管理

会社方針・目標に合わせて、ジャンルごとに職場方針を決め、実行していく。特に「安全」「品質」「生産」「原価」「人材育成」という5大管理項目は重要。

6 あえて手書きにこだわる

グラフなども、デジタル時代にあえて手書きする。担当者が自分の手で書くことで自覚が高まり、異変などに気づく目も育つ。

5 「視える化」で現状把握が簡単にでき、問題発見力&解決力を高める

現状や状況分析は、グラフなどで「視える化」。メンバー一人ひとりの「自分がすべきこと」が明らかになり、自発的に「問題発見→問題解決」に向かう力が養われる。

これがトヨタの「日常管理板」の実物だ!

方針・目標

達成するための数値目標(管理指標)と現状

改善テーマ別の達成状況・報告、問題解決の提案

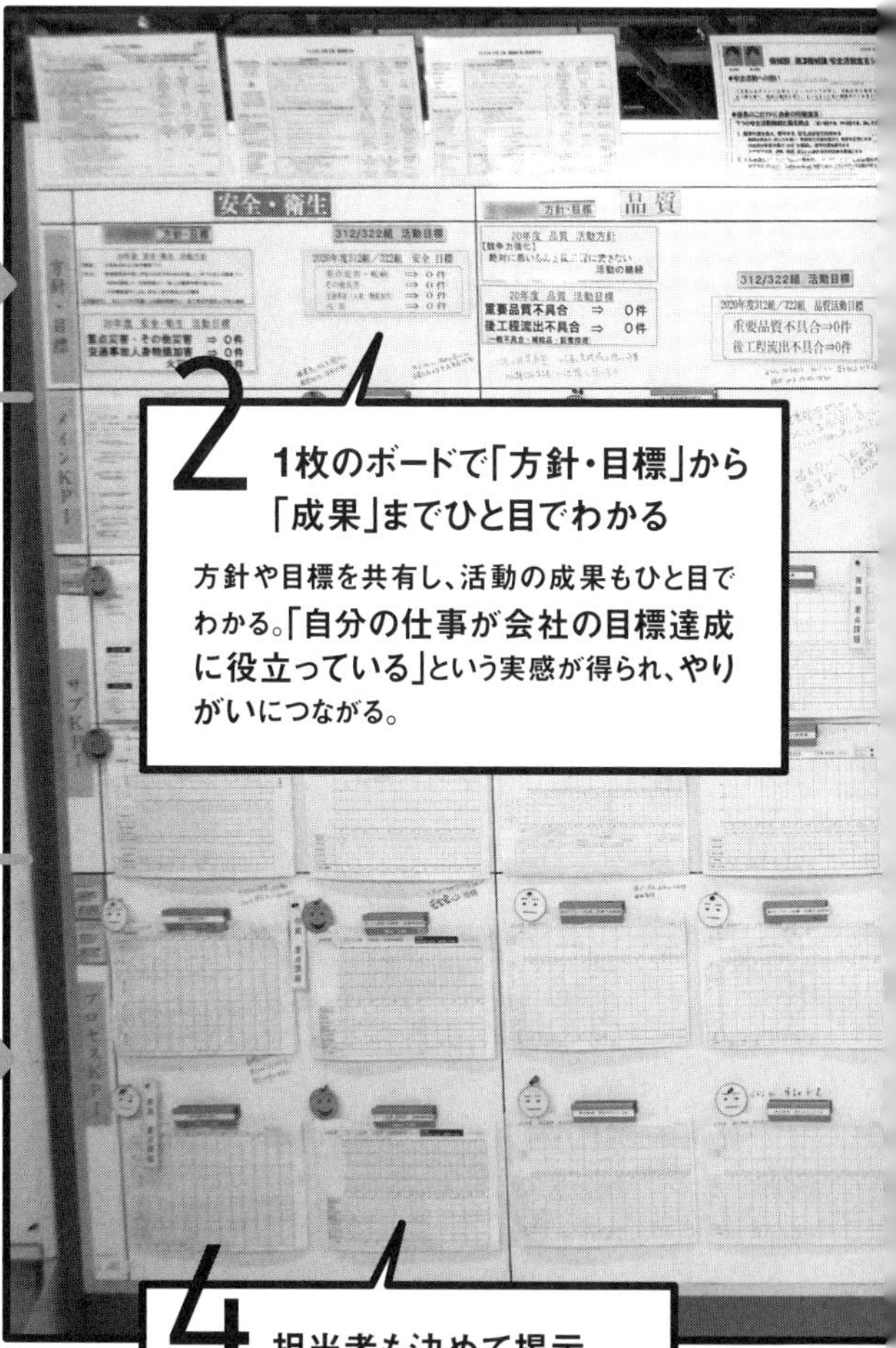

2 1枚のボードで「方針・目標」から「成果」までひと目でわかる

方針や目標を共有し、活動の成果もひと目でわかる。「自分の仕事が会社の目標達成に役立っている」という実感が得られ、やりがいにつながる。

4 担当者も決めて掲示

「誰が」「いつまでに」「何をする」を明示。担当決めは着実な業務遂行のほか、責任感の向上や人材育成にもつながる。

はじめに

▼企業が抱えるあらゆる問題の真因とは？

私たちＯＪＴソリューションズのトレーナーは全員がトヨタ出身者です。トヨタ時代は、工場などの生産現場で50～３００名ほどの部下とチーム一丸となって改善活動を進めてきました。その経験をもとに、現在では、日々、多くの企業にアドバイスし、**「成果を上げる組織づくりの極意」**をお伝えしています。

本書では、その中でも特にすぐに取り入れられる**手軽さとパワフルな効果**をあわせ持ち、高い実績を上げ続けている**「日常管理板」**を紹介します。日常管理板は現在、**トヨタのほぼすべての生産現場で活用されています。**

私たちトレーナーが支援する企業は、業種も規模もさまざまです。しかし、成功を左右する要因は、実は驚くほど共通しています。

その最たるものが、**「組織として一丸となっているかどうか」**という点です。一見、単純ですが、ここが大きな分かれ目なのです。そこで、本書では、**組織が一体となって成果を生み出す力をつけていく**ために、日常管理板というツールについて、またそれをどう活用するのが最もよいのか、お伝えしていきます。

その前に、今、ご自身の組織がどういう状態かをチェックするためにも、共通してよく見られる問題点について整理しておきましょう。

①経営層側の問題　～現場を本当にわかっていますか

悩みを抱えている企業の実態を調査すると、まず経営層側の問題としてよくあるのは、「現場をあまり知らない」ということです。

現場の実態を直接見てまわるよりも、今期の売上高や販売実績、原価率など、結果として上がってくるデータを見て管理しようとしてしまうのです。

また、熱血タイプの経営者にありがちなのですが、理想を追い求めるあまり、従業員に自分の考えを押しつけてしまっているケースもあります。こちらは従業員にもよく話しかけ、一見すると〝現場重視〟のようですが、経営者自身の経験に基づく尺度で成果を要求しがちで、現場が実際に抱えている課題をあまり認識していないことがあります。

②従業員側の問題　～仕事に「問題意識」を持ち続けていますか

次に、働く側の問題を挙げてみましょう。

典型的なのは、まじめに業務に取り組んではいるものの、仕事の進め方に疑問を持たず、ルーチンワークのように漫然とこなしているケースです。

また、理想や熱意はあっても、各人が我流で、日々の仕事を個人プレーで乗り切っているようなケースもあります。経営層やマネージャーが「効率よく成果を上げられるように、業務を改善しよう」といっても、「そんな暇はない」「できるわけない」と、耳を貸す余裕もない場合もあります。

これら2タイプの姿は真逆に見えますが、いずれも「自分の仕事とはこういうものだ」と頭から思い込んでしまっている点では同じです。

ここに挙げたのは一部の例にすぎません。いずれにしても、実態から浮かび上がってくるのは、**「経営層などの上層部と、現場を担う従業員が、同じ会社にいながら互いの考えや実状をよく知らず、別々に動いている」**姿です。

マネージャーの立場にいる方は、少なからずこうした光景を目にしたり、そんな空気を肌で感じたりしたことがあるのではないでしょうか。

▼目標が達成されない理由と解決策

こうした上層部と現場の乖離の結果、経営層が発する会社方針や目標は、現場の実状を反映できていないスローガン的なものに陥りがちになります。現場からすると、リアリティを欠いたものになっていることでしょう。

たとえば、こんなふうにです。

「販売エリアを拡大し、売上を1・3倍に」
「お客様に長く愛されるサービスづくり」

また、いくら会社方針や目標を示されても、従業員が仕事を改善する方法を身につけていなければ、どうすれば実現可能なのか、具体策を考え出すことができません。

たとえば、今期の業績が全員で精一杯働いた結果であるとき、来期を1・3倍にしようとしたら、仕事の改善スキルがなければ、人を増やすしかありません。そこに、「販売エリアを広げよう」という目標も入っているのであれば、なおさらです。

もし人員を増やせないなら、今いる人たちの仕事の負荷を上げるしかなくなります。

しかし、それではメンバーが疲弊してしまい、目標達成は難しいでしょう。最悪の場合、無理がたたって労働災害や不良品の流出といった事故を引き起こしかねません。「お客様に長く愛されるサービスづくり」という目標の場合はどうでしょうか。従業員も「たしかに、それは大事だな」と同意はしてくれるでしょう。しかし、その実現方法がわかっていなければ、あるいはそうした抽象的な目標を具体的な目標にブレークダウンする力が育っていなければ、「お客様に長く愛されるサービスづくり」という目標は、「心得」にとどまってしまいます。行動には移されず、結果として無視された状態になってしまうのです。

このように、会社方針や目標が努力目標にしかなっていない企業は、実は少なくありません。理想は、会社方針や目標が示す**「経営層が向かいたい方向」にベクトルを合わせて、一人ひとりが自分の仕事として「何に取り組むか」がしっかり浸透している状態**です。

そこで出番となるのが日常管理板、そして現場をあずかるマネージャーの皆さんです。

▼マネージャーの役割とは？　身につけるべき力とは？

私たちが考えるマネージャーの真の役割とは、突き詰めれば、「経営層の思いと現場の頑張りをつなぐこと」です。経営層には「現場は今何に苦労しているか」など現場の声を伝え、現場には会社方針や経営層の思いを伝えて、改善活動の動機づけにするのです。私たちトレーナーも、指導先では経営層と現場の橋渡し役となることに力を注いでいます。

その結果、多くの指導先で、経営層と現場の両方から、「**マネージャーはトレーナーと同じことができるようになる必要がある**と感じた」という声をいただきます。その私たちが改善活動をサポートするにあたって最も活用しているツールの一つが、トヨタの「日常管理板」なのです。

本書では、日常管理板の内容、作成方法、現場を巻き込む運用のコツまで丁寧に解説します。また、特に非製造業・オフィスワークでは難しいとされる、改善テーマの見つけ方もお伝えします。会社方針や目標から自職場の取り組みをどのように設定したらよいか、方針に基づく職場マネジメントについても紙幅を割きました。

マネージャーの皆さんが先導して、経営層と現場の間にそびえる壁を打ち壊し、成果を上げる組織づくりをしていくために、本書が貢献できれば幸いです。

ＯＪＴソリューションズ

目次

トヨタの日常管理板

CHAPTER 1

全体像と特長

トヨタの「日常管理板」が持つパワー

CHAPTER 2

目的

職場が変わる！日常管理板の5つのメリット

CHAPTER

3

作成方法

成果を出す！日常管理板のつくり方

CHAPTER 4

活用術

「改善」が進む！トヨタの日常管理術

CHAPTER 5

運用

日常管理板の運用のコツ

CHAPTER 6

方針管理

〈応用編〉方針管理で差をつける

【トヨタ生産方式】

ムダの徹底排除で原価低減を進めながら、ものの つくり方、作業のやり方についてあらゆる角度から合理性を追求する独自の製造技術。よりよい品質の製品を、より安く、タイミングよく、より多くの人に供給するための全社的なしくみである。

【問題解決の8ステップ】

トヨタで使われている問題解決のプロセス。①問題を明確にする、②現状を把握する、③目標を設定する、④真因を考え抜く、⑤対策計画を立てる、⑥対策を実施する、⑦効果を確認する、⑧成果を定着させる——というステップを踏むことによって、勘や経験に頼ることなく、論理的な思考や分析で効率的に問題を解決できる。

【平準化】

ある規定の生産数を一定の期間でならして生産すること。また、特定の作業者に業務が集中しないよう分散させること。細かくは「量の平準化」と呼ばれる。なお、品種ごとに一度にではなく、それぞれ決まった個数ずつ生産していくことは「種類の平準化」という。いずれも短いサイクルで工程をつないで生産していく「ジャスト・イン・タイム」に必須の前提。

【段取り】

製造現場においては、ある生産ラインで製造する品種を切り替えるにあたって、金型を交換したり、道具を変更したりするために準備することを指す。また、交換作業や清掃、生産再開前の作業内容の確認など、切り替えにかかる作業全体を「段取り替え」という。生産ラインを止めなければできない「内段取り」と、止めずに対応できる「外段取り」があり、多品種小ロット生産に対応するためには、ムダ取りに加え、内段取りを外段取りに移せないか検討することが大切になる。

【横展】

「横展開」の略。トヨタ生産方式の用語で、あるラインや作業場などで成功した対策をほかの類似のラインや作業場に展開すること。

本書に登場するトヨタ用語集

【改善】

トヨタ生産方式の核をなす考え方。全員参加で、徹底的にムダを省き、生産効率を上げるために取り組む活動。今では数多くの企業で行われており、日本の製造業の強さの源泉ともいわれる。

【5S】

整理・整頓・清掃・清潔・しつけのローマ字表記の頭文字をとって「5S」と呼ぶ。5Sは単にきれいに片づけることが目的ではなく、問題や異常をひと目でわかるようにして、改善を進めやすくするのが目的である。

【5大管理】

①安全、②品質、③生産、④原価、⑤人材育成の5つ。現場管理を行ううえで、トヨタの管理監督者が徹底すべき仕事の基本。

【ジャスト・イン・タイム】

自働化と並び、トヨタ生産方式の柱となる考え方。現場からムダをなくして、作業の効率を高め、「必要なものを、必要なときに、必要なだけつくる」ことをいう。

【真因】

問題を発生させる真の原因のこと。これに対策を打てば、二度と問題が再発しない。一方、要因とは、一つを解消しただけでは問題が再発するような表面的な原因のこと。

【班長・組長・工長・課長】

本書に登場するトヨタの職制。「班長」は、入社10年目くらいの社員から選ばれ、現場のリーダーとしてはじめて10人弱の部下を持つことになる。その後、数人の班長を束ねる「組長」、組長を束ねる「工長」、工長以下数百人の部下を率いる「課長」という順に職制が上がっていく。現在のトヨタでは呼称が変えられており、「班長」は「TL（チームリーダー）」となっている。

仕事へのモチベーションや改善に対する自主性を生み出せるのか？　その理由にも迫ります。さらに、日常管理板がマネージャーとメンバーとの間でどのような役割を果たしてくれるのかについても、3つのポイントから触れていきます。

CHAPTER

1　トヨタの「日常管理板」が持つパワー

何がそんなにすごいのか？
その特長とは？

→ 28ページ

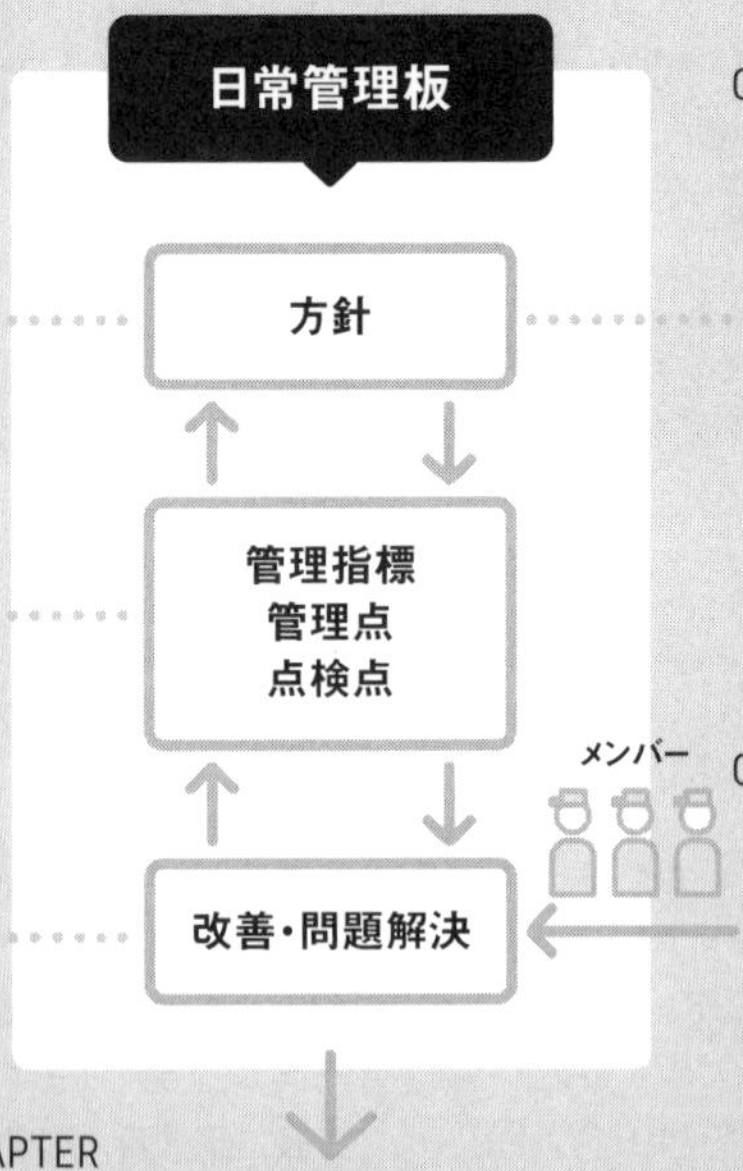

CHAPTER

6　〈応用編〉方針管理で差をつける

日常管理板で重要な
方針管理について、
トヨタの問題解決手法や
ノウハウとともに解説

→ 220ページ

CHAPTER

5　日常管理板の運用のコツ

日常管理板を現場でしっかり
運用させるために押さえたい
ポイントを解説

→ 170ページ

CHAPTER

2　職場が変わる！日常管理板の5つのメリット

日常管理板を運用すると、
何がどう変わるのか？
その具体的なメリットを紹介

→ 58ページ

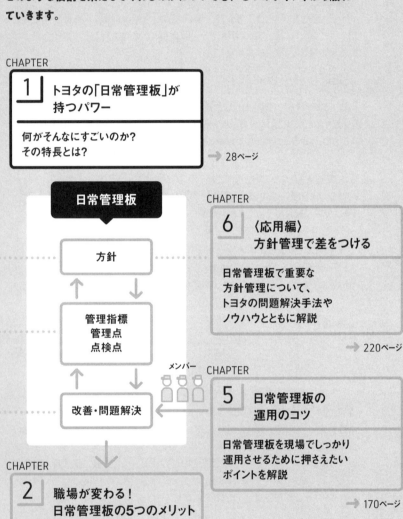

トヨタの日常管理板の目的やその魅力について紹介します。

そもそも、トヨタの考える「日常管理」とはどういうものなのか？　そのしくみとは？　そんな基本的なところから、わかりやすくひもときます。また、日常管理板の活用によって具体的に現場はどう変わっていくのか？　なぜ

CHAPTER 1

トヨタの「日常管理板」が持つパワー

CHAPTER 1

全体像と特長

LECTURE 1

トヨタが考える「日常管理」とは？

目標を達成するための最強のしくみづくり

そもそもトヨタが考える「日常管理」とは、どういうものなのでしょうか。

それは、端的にいえば、**「会社方針や目標を、日々、現場が取り組む課題にブレークダウンし、効率よく実行する」**ためのしくみづくりです。そして、その実現に欠かせない重要なツールが「日常管理板」といえます。

まずはトヨタの日常管理の進め方について、具体的に見ていきましょう。

①会社方針を決定・明示する

これがすべてのスタートとなります。ここで重要なのは、何よりも経営層が現場の実態を理解しておくこと。会社方針は、そのうえで決定する必要があります。

②職場方針を決定・共有する

次に、会社方針が各部課に下ろされます。各部課のマネージャーは、会社方針を達成するためにはどうしたらよいか、上司や部下と相談しながら、部課の役割や現状に合った職場方針をつくります。

たとえば、会社方針が「今年は品質重視の1年にする」であれば、自部署の現状と照らし合わせて、「品質を上げるにはどうしたらよいか」を考えます。「再発防止策はできているが、徹底が不十分だな」ということであれば、「今年は再発防止策の徹底を」が目標となるでしょう。このように、職場方針は下にいくほど、具体的になります。

③管理指標を設定し、2つのサイクルで改善を進める

職場方針・目標が決まったら、それを達成するための「管理指標」を設定します。

管理指標とは、「計測対象を決めて数値を日々記録し、その**数値がいくつになったときに、方針や目標が達成できたとみなすか**」という客観的な基準です。

たとえば、「職場災害ゼロ」が目標ならば、「医務室の利用者数」や「医薬品の消費量」

などが管理指標となり、その数値をゼロに近づけていきます。

もちろん、ただ気をつけているだけで自然に管理指標がよくなることはありませんから、職場災害が起こらないように、職場の改善を同時に進めていく必要があります。「いつ、どこで、どんな災害が起きることが多いのか」など、職場全員の力を結集して問題点を抽出し、改善に取り組み、一つずつ問題解決していきます。

つまり、**管理指標では、①客観的な基準をもとに「方針・目標が達成できたか」を確認し、管理する流れと、②職場の全員で問題解決に取り組んでいく流れ、この2つを設定します**。

左図では、①が上のサイクル、②が下のサイクルです。

このように、会社方針を現場の身近な問題にブレークダウンしたら、あとは実行するのみ。そして、改善によって問題解決されると、管理指標がクリアされる→管理指標がクリアされると、職場方針が達成される→職場方針が達成されると、会社方針が達成される→自然な結果として、会社の利益が創出される――という、**ボトムアップで成果を連鎖させていく循環的なしくみ**ができあがります。これがトヨタの日常管理の考え方です。

そして、このしくみと流れを誰にでもわかりやすく、1枚のボードに反映させたのが「日常管理板」なのです。

トヨタの「日常管理」の内容とは?

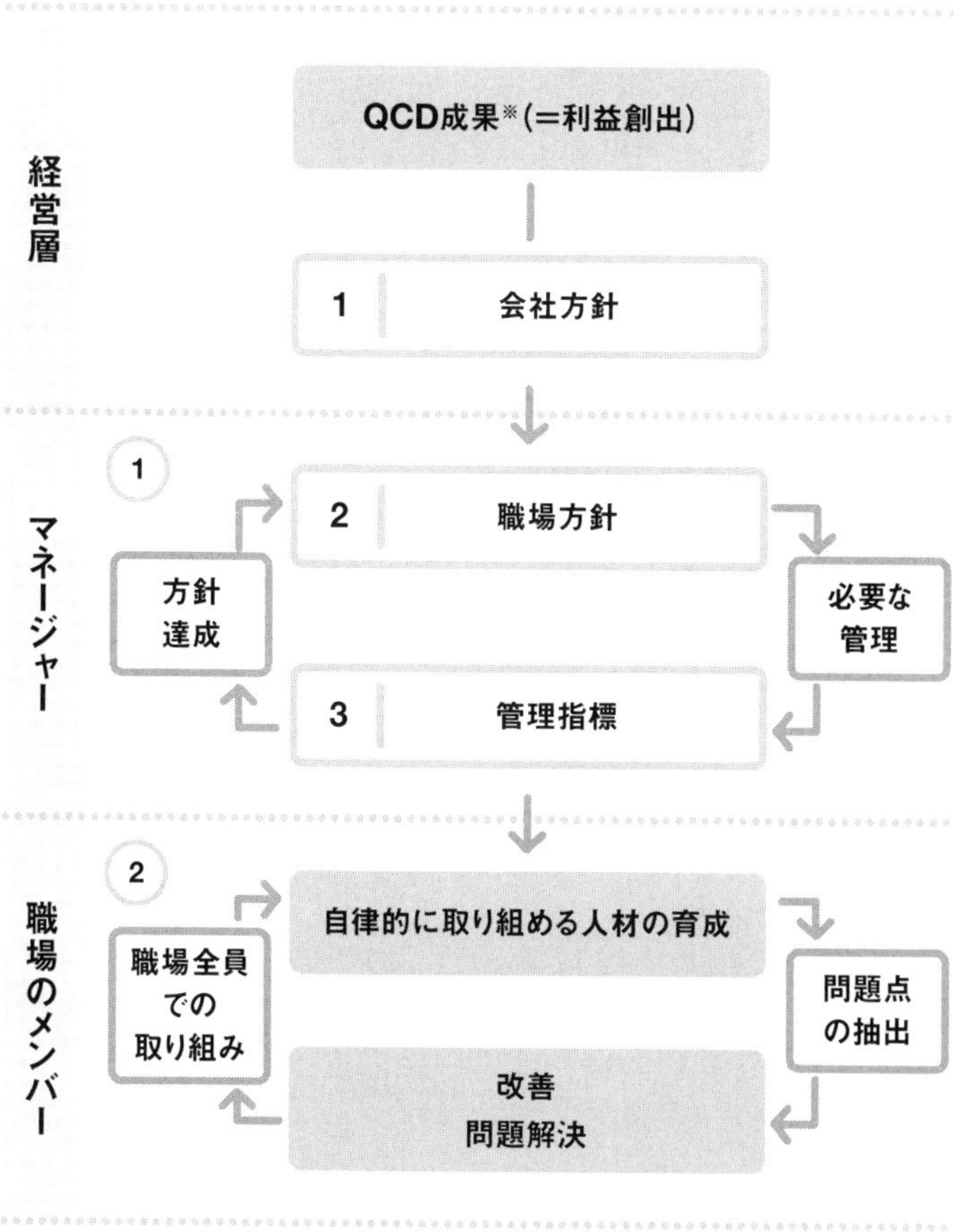

※QCD:Quality(品質)、Cost(コスト)、Delivery(納期)という、生産管理を行ううえで重要となる要素。

CHAPTER 1

全体像と特長

LECTURE 2

日常管理板が人を変え、現場を変える

日常管理板には、具体的に何をどう掲載するのでしょうか。

まず、横列には「安全」や「品質」といった**「取り組みたいジャンル」**を書き入れます。そして、縦列には次の3つを記します。

①方針・目標

②管理指標……「方針・目標」を達成するための目標数値、達成状況や推移など

③改善・問題解決のテーマと進捗

それぞれの詳しい内容については順に見ていくこととし、ここでは、まず日常管理板ならではの強みについて見ていきましょう。

トヨタの日常管理板の最大の強み。それは、「経営層が目指しているもの」と「現場が取り組んでいること」を明確にひもづけられることです。

日常管理板を活用し始めると、具体的に現場はどう変わるのでしょうか。

日常管理板の構成とポイント

改善ジャンルごとに
列を分ける
安全
品質
生産
原価
人材育成
職場災害
ゼロ
○○の
不良ゼロ
方針・目標
医務室の
利用者数・医薬品
の消費量
包装不良・
異物混入の推移
目標数値、達成状況や
推移などについて、
グラフなどで「視える化」する
始業前点検項目
管理指標
改善・問題解決のテーマと進捗

一体感が生まれ、現場のモチベーションが上がる

全社的な目標、それは売上やシェアなどの定量的な成果であったり、会社理念の実現であったりするわけですが、日常管理板があると、その**実現・達成のために、一人ひとりが何をするべきか、明確にわかる**ようになります。

日々行っている仕事の一つひとつが、経営方針や目標の達成と結びつき、意味づけされることで、全社的な方向性と現場の取り組みが有機的につながります。

経営層と現場にも一体感が生まれ、もっと互いの考えや実状を理解し合いながら、進んでいけるようになります。

また、「管理指標がクリアできれば、方針や目標が達成できたことになる」という、わかりやすい形になっているので、一人ひとりが自分の貢献度を管理指標の数値で実感しやすいというメリットもあります。

取り組みの成果が数字やグラフでわかりやすく示されると、自分の頑張りを実感しやすく、やりがいにつながっていきます。

2種類の目標線で現状を確かめる

38ページの図のように、**日常管理板の管理指標のグラフには、「点線」を入れます。**これは到達すべき目標線であり、あるべき「基準」を示す線です。

1の折れ線グラフは、「期日までにだんだん減らしていこう」というもので、ゼロに近づけていくことを目指します。このタイプの目標線を使うのは、時間をかけて取り組む目標を掲げる場合です。「現時点でどのくらい達成できているか」を都度把握して評価するため、このように目標線を斜線にします。

一方、「毎日、これくらいの数字に抑えることを目標にする」といった場合は、**2**のグラフのように、目標線は水平になります。

どちらも、今日の状態が**あるべき基準と比べて正常なのか、異常なのかを「視える化」して、問題を見えやすくします。**

ここで気をつけたいのが、よい方向に向かいつつあるものの、まだ問題が残っている場合です。たとえば、数値は順調に推移しつつあるものの、目標達成には至っていない、もしくは至らない可能性がある場合です。このような場合は、追加で対策を実施する、再度

「目標線」で正常／異常を「視える化」する

1　斜線の目標線

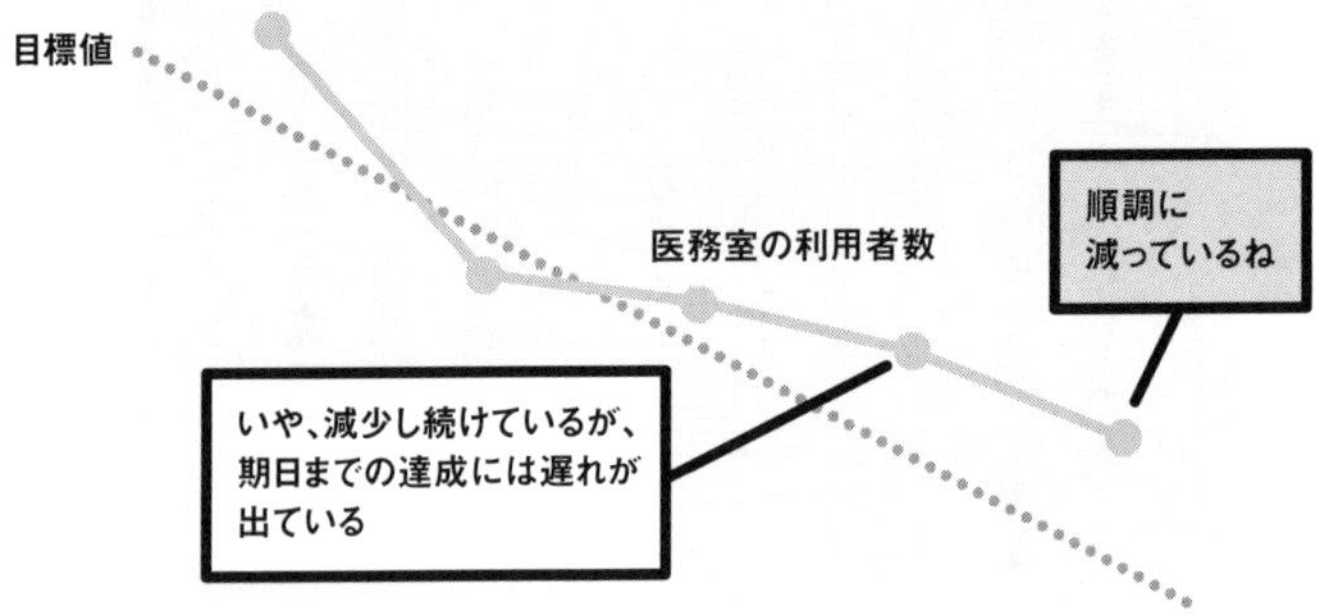

目標値
医務室の利用者数
順調に
減っているね
いや、減少し続けているが、
期日までの達成には遅れが
出ている

2　水平の目標線

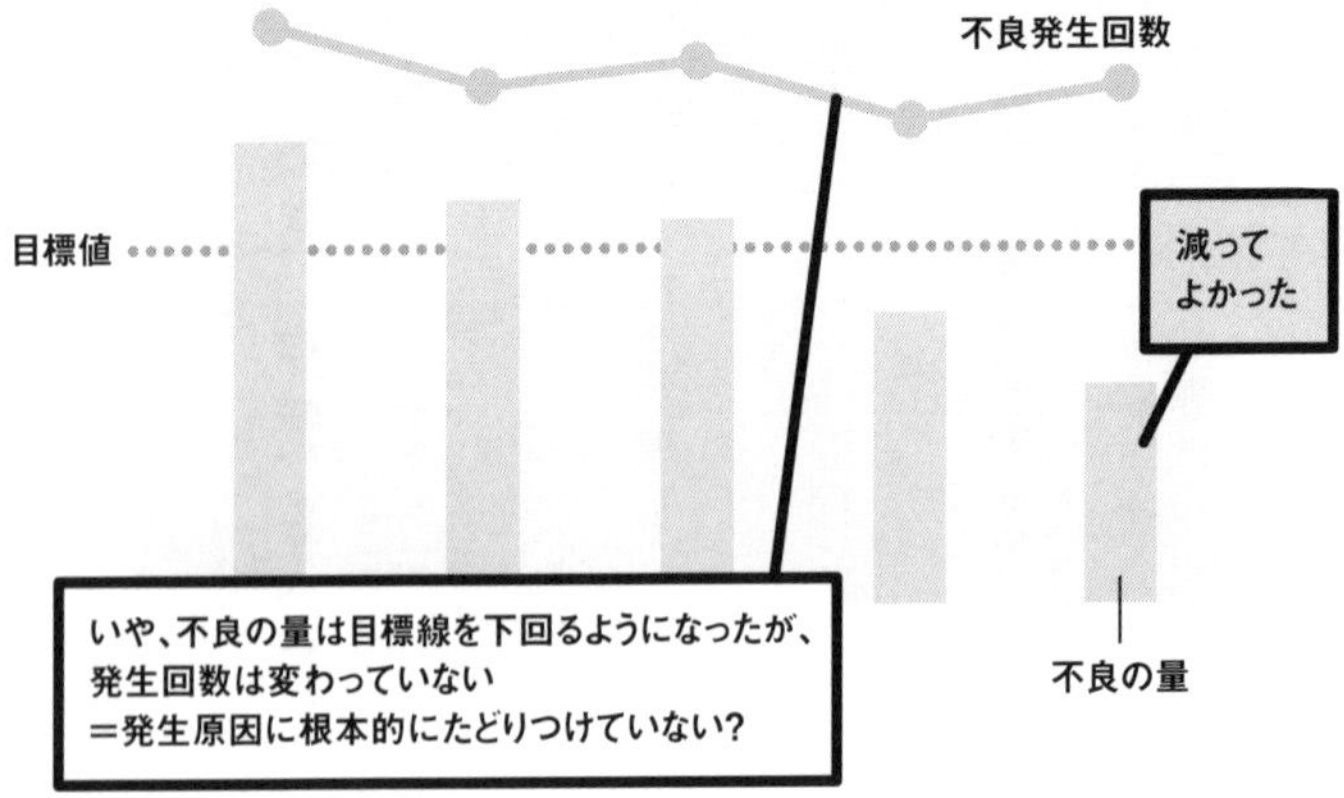

不良発生回数
目標値
減って
よかった
いや、不良の量は目標線を下回るようになったが、
発生回数は変わっていない
＝発生原因に根本的にたどりつけていない？
不良の量

真因追究を行うなどにより、目標達成を目指します。

進んで改善に取り組む「自律性」を強化する

不良の発生回数など、問題を記録することそのものにも大きな意義があります。

何かトラブルが発生したとき、別にわざわざ記録しなくても、すぐに対応して復旧できれば、一見、何の問題もなさそうに見えます。しかし、記録に残さなければ、そのトラブルは忘れられ、再発するかもしれません。たびたび起きていたとしても、「問題」として捉えられず、解決する対象として認識されないかもしれません。

日常管理によって、日々、発生回数をチェックし、記録すると、「その事象が繰り返し起きていること」、そして1回のトラブル対応は5〜6分ですんでいても、「1日5回起きているので、毎日30分近くが対応に費やされていること」などが明らかになります。

その結果、チーム一人ひとりが自覚し、改善する意識が高まります。

日々、記録をつける。そこに目標線を引いて、現状と「目指したい状態」とのギャップを明確に把握する。その結果、問題と改善のつながりが見え、改善活動にも納得感が生まれやすくなるのです。

LECTURE 3

チームをつなぐ「コミュニケーションの場」が生まれる

日常管理板の6つの運用ステップ

トヨタの日常管理板の運用は、基本的に次の6つのステップで進めていきます。

①　会社方針に沿った職場方針・目標を立てる
②　①のためにクリアすべき管理指標（達成するための数値目標）を決める
③　②をクリアするために、改善活動を行う
④　日々、管理指標の数値の推移をチェックする
⑤　③④の結果、効果のあった改善は「標準化」する
⑥　⑤が遵守できているか、日々チェックして、仕事の質を維持する

そして、マネージャーが果たすべき役割は、何より、

①会社方針に沿った職場方針・目標値を立てる

になります。

会社方針をもとに、職場の課題に合った目標を設定し、メンバーたちが自発的、自律的に達成する流れをつくっていく役割を担っているのです。

まずは自分の部署・役職の役割を「視える化」する

①を実行するためには、まず、自分の部署や役職がやるべき仕事は何か、マネージャーが明らかにする必要があります。

そして、その職責に沿った目標を立て、その達成に向かって日々前進し、課題があれば解決し、目標の実現に近づいていきます。

自分の部署、役職の役割は何か、何をしたら「よし」と判断されるのか、明示することが第一歩です。簡単にいえば、「何をするか」の「視える化」です。

ここがあいまいなままだと、チームメンバーも努力の方向性がわからず、自発的、自律的に職務を全うするチームにはなりません。

日常管理板がチーム力を強化する

ダメなマネージャーの行動の一つに、思いつきで行う指導が挙げられます。以前、メンバーに言ったことを忘れてしまって違うことを言い、迷走させてしまったりします。本人としては同じことを言っているつもりでも、状況や事態の前後関係、話し方などで、メンバーにとっては違って響くこともあるでしょう。

こうしたことを避けるためにも、**一定の方針を明示しておくこと、そのうえで自分たちの部署・役職では「どのような状態になれば、よしと判断するのか」をあらかじめ宣言しておくことが重要**になります。

その明示場所が、日常管理板です。

最初からわかっていれば、メンバーも努力しやすくなります。そのうえで成果が上がれば、マネージャーはほめることができますし、メンバーも「頑張りを認めてもらえてうれしい」という、望ましい関係性を築くことができます。

「頑張っているのに、評価されない」と思うと、やる気は失われます。モチベーションが下がっているうえ、マネージャーが目指す方向性がわからないメンバーに仕事を頼んでも、期待どおりには仕上がらないでしょう。その結果、低い評価をつけてしまう。これでは悪循環です。

日常管理板は、マネージャーとメンバーのすれ違いを正し、「ほめる」「認められる」きっかけをつくる場でもあります。

また、メンバーに何をしてほしいと伝えるか、マネージャーが自分の軸を常に明確にしておくためにも日常管理板は役立ちます。

部署としてどんな役割・目標があるのか、それに向けて日々、メンバーが何をしているのかがわかる。職場の全員が互いの仕事を把握し、日々、チーム力が強化されていく。そうしたコミュニケーションの場となり、道標ともなるのが、トヨタの日常管理板なのです。

日常管理板が「コミュニケーションの場」に

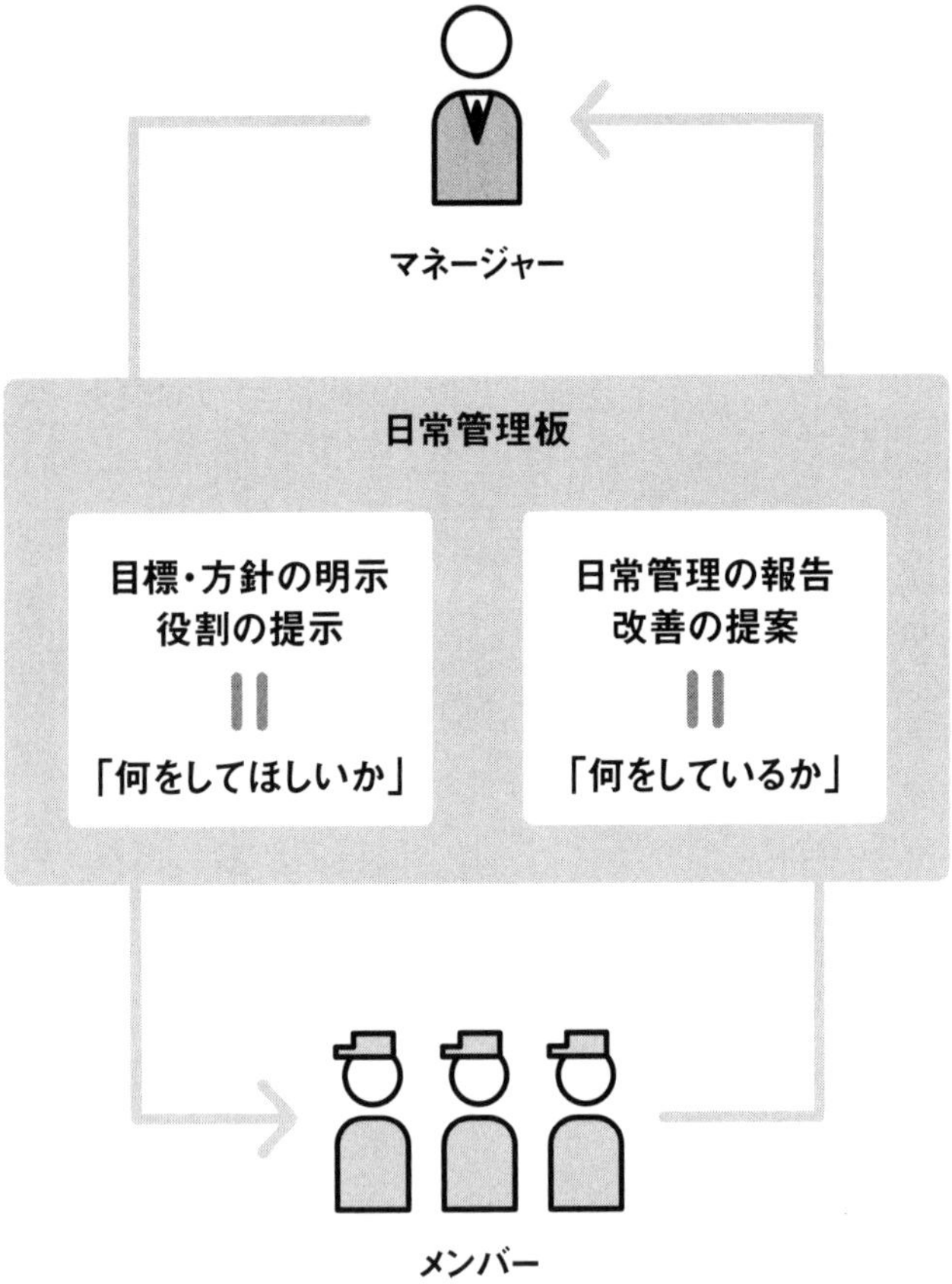

たった1枚のボードが職場を変える

オフィスの主役は人であって、設備やシステムではありません。チーム力の強化に、大がかりなプロジェクト管理ツールやシステムの導入は必ずしも必要ありません。

それらは使いこなせれば便利な半面、使い方を覚えるために勉強を強いられることも多いものです。それがメンバーに面倒なことと受け取られてしまえば、せっかく導入しても結局、使われなくなってしまうでしょう。

それに対して、トヨタの日常管理板はいたってシンプル。必要なのは、ボードたった1枚です。

日常管理板は、CHAPTER5で後述するとおり、紙やボードを使うほうが効果は高いのですが、テレワークが急速に進んでいる昨今、クラウド上に設置したバーチャルなものでも十分に効果を発揮できます（210ページの実践例参照）。

重要なのは、**日常管理板がマネージャーとメンバーの接点になる**ということです。形はどうあれ、マネージャーからメンバーに関わり、**密にコミュニケーションを取る場所**にすることが大切なのです。

CHAPTER 1

全体像と特長

LECTURE 4

マネージャーもメンバーも仕事が楽になる

日常管理板が生まれた経緯とは？

マネージャーの皆さんの中には、もしかしたら日常管理について、「日々メンバーの仕事をチェックするなんて、よけいな仕事を増やしたくない」「メンバーたちだって、管理が強化されると感じて嫌がりそう」と思う方もいるかもしれません。

しかし、多くのトレーナーが口をそろえて言うことがあります。それは、**「日常管理板は仕事を楽にするためのもの」**ということです。

トヨタの堤工場で工作設備の保守保全に努めてきたベテラントレーナー大嶋弘が、そもそもなぜトヨタで日常管理板が生まれたのか、その経緯について教えてくれました。

「トヨタのマネージャーになるステップは、まず、入社10年目くらいの社員から選ばれる『班長』になるところから始まります。現場のリーダーとして、はじめて10人弱のメンバーを持つのです（2000年頃の基準）。

その次が数人の班長を束ねる『組長』です。もともと現場リーダーである組長はあこがれの職制でした。ところが、当時の実態は監督職であるにもかかわらず、製造ラインの細かな生産管理に追われて、現場作業から抜けられず、非常に負担の重いポストになっていました。

やがて、組長になることを忌避する風潮が生まれ、その結果、改善活動も停滞し始め、『弱い職場』になっていってしまったのです」

その状態に危機感を覚えてトヨタで始まったのが、「組長の働き方改革プロジェクト」だったと言います。

「労使一体となって、組長がマネージャー業務に専念できる環境づくりに取り組みました。

それまでは『困ったときの組長』といわれるくらい、何から何まで組長のもとに持ち込まれ、現場対応に忙殺されていたのですが、現場の管理をメンバーに分散させて組長の負担を軽減。トヨタの日常管理板のもととなった『管理ボード』を作成して、各自がやるべきことを明確にしました。

これにより、方針達成に向けた長期的な取り組みが可能になり、各メンバーがどのように仕事に取り組んだか、そのプロセスを評価することも可能になりました。メンバーも仕事がしやすくなり、自律的な改善が活発化し、再び『強い職場』が戻ってきたのです」

日常管理がマネージャーを窮地から救う

生駒正一は、トヨタ時代から一貫して「人づくり」にたずさわってきたトレーナーです。国内はもとより、海外工場でもTPS（トヨタ生産方式）の指導を重ね、衣浦《きぬうら》工場の人材育成グループの課長として階層別教育にも関わりました。

その生駒が、ある指導先の企業で、多忙な状況に押しつぶされてしまったマネージャーが日常管理板で復調したケースについて話してくれました。

「その企業では、スケジュールは各メンバーの頭の中にしかない状態で、それぞれが責任をもってスケジュールを守り、目標をやり遂げるという仕事のやり方をしていませんでした。

そのため、毎度、締切間近になると進行の遅れが露見して、マネージャーである課長も現場に入って奮闘し、何とか締切に間に合わせていました。

しかし、そのような状況が続き、過度な負担がかかっていたことで、課長は心身の健康状態を損ねてしまい、休職を余儀なくされてしまったのです。

課長の役割は、現場でプレーヤーとして率先して仕事をすることではありません。

メンバーに仕事を割り振って担当させ、やり遂げるように管理することが、マネージャーとしての課長の役割です。

そこで、日常管理板を活用して、『各メンバーが受け持っている仕事を進めるために、今何をやらなければいけないか』を皆がわかるようにし、全員がお互いの状況に気づけるしくみにしました。

あるメンバーの進行が遅れていれば、気づいた同僚が遅れを指摘して促したり、アドバイスしたりしてサポートできるようにしたのです。

こうして、メンバーたちも期日までに仕事をやり切れるようになり、課長も本来の管理業務に集中できる環境に変わっていきました。やがて、心理的な負担が減ることで体調も改善し始め、職場に完全復帰できたのです」

メンバーの心理的負担も低減できる

日常管理板の活用で心理的な負担が減るのは、マネージャーばかりではありません。

「誰が何をするべきなのか」が明確になると、メンバーたちの心理的な負担も減ります。

また、メンバーたちは、方針や目標を達成するための管理指標をクリアすることが、評価の対象になることがわかっています。つまり、日常管理板があると、「何をすれば評価されるのか」がわかるので、力を注ぎ込みやすくなるのです。

「クリアすべき管理指標があり、そこに向けて毎日やるべきことが決まっているわけです。もちろん全力で取り組みますが、もし管理指標を達成しても方針や目標が達成できなかったとしたら、それは『マネージャーが設定した管理指標が正しかったのか』、『メンバーに仕事をやり切らせるという、マネージャーの役割をきちんと果たせていたのか』と、最終的にはマネージャーの責任が問われるものになります。

つまり、メンバーたちが安心して仕事に取り組めるようになるのです」（生駒）

マネージャーの最も重要な職務とは

マネージャーにとって、「現場で何が起きているか」を知るために、現場に関与することはもちろん大切です。ただ、そこで最も重要な職務は「管理」であり、汗をかいて実務や実作業をすることではありません。

しかし、先ほどの例のように、メンバーのミスや業務の遅れをフォローするためにマネージャーが実作業に回ってしまうことは、オフィスでも往々にしてあるのではないでしょうか。

もちろん、緊急時には避けられない場合もあるでしょう。しかし、頻発したり常態化したりして管理業務が滞り、ほかのメンバーへの目配りがおろそかになっては元も子もありません。

マネージャーが自分の仕事を楽にするだけでなく、結果としてメンバーたちも働きやすくするために、日常管理板は役立つのです。

日常管理板で仕事を楽にする

マネージャーの仕事の軸

マネージャー

方針・目標の達成
設定した管理指標に責任を持つ

メンバーの仕事の管理
「監視」ではなく、「管理」。
進行状況を把握、問題を発見し、
仕事をやり遂げさせる

× メンバーの業務を肩代わりしてサポート

日常管理板を活用すると……

↓

マネージャー

管理に集中できる
全体を把握して
適切な対策を打てる

メンバー

取り組むことや達成状況が一目瞭然になる
→仕事のペースがつくりやすい
→課題が共有できているので、
短い報告ですむ

方針の達成責任はマネージャーにあるとわかる
→心理的負担が減る

CHAPTER 1

全体像と特長

LECTURE 5

一人ひとりを尊重し、生かせる職場へ

「人生のゴールデンタイム」をあずかるということ

ここまで読み進めても、まだトヨタの日常管理について、厳しいイメージを持たれている方もいるかもしれません。

あくなき改善を現場に求めていく姿を評して、「かわいた雑巾をさらに絞るのがトヨタ」という言葉を聞いたことがある方もいることでしょう。

しかし、**トヨタ式の根底にあるのは、「人間性の尊重」です。**

ＯＪＴソリューションズ専務取締役の森戸正和は、トヨタで30余年、教育部門や生産管理部門に在籍し、グローバルを含め、多くの人材育成に関わってきました。彼は現場で聞いた次のエピソードが忘れられないそうです。

「ある職場で、若い従業員が多くの不良を出してしまったときのことです。

その職場の課長が急いで上司に報告する準備をしていると、報告するよりも早く、現場を歩いていたトヨタ生産方式の担当部署の主査（部長級）がそれを発見してしまったのです。

その人は普段から厳しく、皆からおそれられていました。課長はこっぴどく叱られるだろうと身構えましたが、なんと彼は突然、涙を流し始めたのです。

そこにいた皆がその様子に驚き、呆気に取られていると、『お前な……』と彼は語り始めました。

『人生80年というが、従業員たちは20歳くらいから60歳までの40年間、会社にいてくれる。この40年というのは、人生の中でもゴールデンタイムというべき、輝かしい時間だ。だから、その中の今日という1日、また1日24時間の中のここで働く8時間というのは、きわめて貴重な時間なんだ。

それなのに我々は、彼の大切な時間を、不良をつくらせることだけに費やしてしまった。一銭にもならないムダなことをやらせてしまった。これは非常に罪深いことなんだ』

そう言うと、若い従業員に近づいて、『申し訳なかった』と、管理の至らなさを謝ったのです」

「改善」は豊かな人生をつくるためのもの

もうひとり、トヨタで技術ブロック2万人の幹事長を務め、多くの後進を育ててきたトレーナーの中山憲雄もこう言います。

「ただ会社で仕事ばかりしていればよいのではありません。家族と会話する時間や趣味など、仕事以外の豊かな時間を過ごすことも大切で、『改善』はその時間をつくるものでもあります。

そうした体験が明日からの活力や新しいアイデアを生み出すことにもつながるのです」

中山はトヨタ時代、「人間関係諸活動（HUREAI活動）」に長く従事し、人の輪を広げることで、コミュニケーションやチームワークを強化するという目標にも取り組んできました。

絶え間なく改善を追い求め、効率的な仕事を目指すのは、従業員の幸せと豊かな人生のためでもあること。**マネージャーは、メンバーの大切な時間をムダにせず、人間性を尊重するべきであること**。そうした理念が、トヨタの日常管理の根底にはあるのです。

自由な発想が必要なオフィスワーカーに、トヨタの管理手法は厳しすぎるという意見もあるかもしれません。しかし、実際には、**トヨタの改善は創造性を豊かにするためのもの**であり、日常管理のしくみを少し取り入れるだけでも、皆さんの大切なメンバーからあずかっている貴重な時間をよりよく生かせるようになるかもしれません。

また、オフィスワーカーには自由な発想が必要だからこそ、どういう方向に向かわねばいけないのか、その方針と役割を大局的な道標として指し示すことは、より重要といえるでしょう。

そういった考え方で、日常管理に取り組んでみてはいかがでしょうか。

CHAPTER1 まとめ

- 日常管理とは、会社方針や目標を、現場が取り組む課題にブレークダウンし、実行するしくみ。現場の改善からボトムアップして、全社的な利益の創出まで成果を連鎖させていく。
- 日常管理板により、「現場の役割」が明確になり、何に力を注げばよいかわかる。その結果、自分の頑張りを実感でき、積極的になれる。
- 日常管理板は、マネージャーとメンバーのコミュニケーションを高める場。自分の業務に集中し、お互いの仕事を楽にし、精神的な負担も軽減する。
- トヨタの改善には「従業員の人間性を尊重する」という理念が根底にある。

職場管理していくことが求められています。日常管理板を活用することで、現場の変化や問題にいち早く気づき、メンバー全員で共有して、改善していける力をつけさせていきましょう。

CHAPTER 1
トヨタの「日常管理板」が持つパワー

何がそんなにすごいのか？
その特長とは？

→ 28ページ

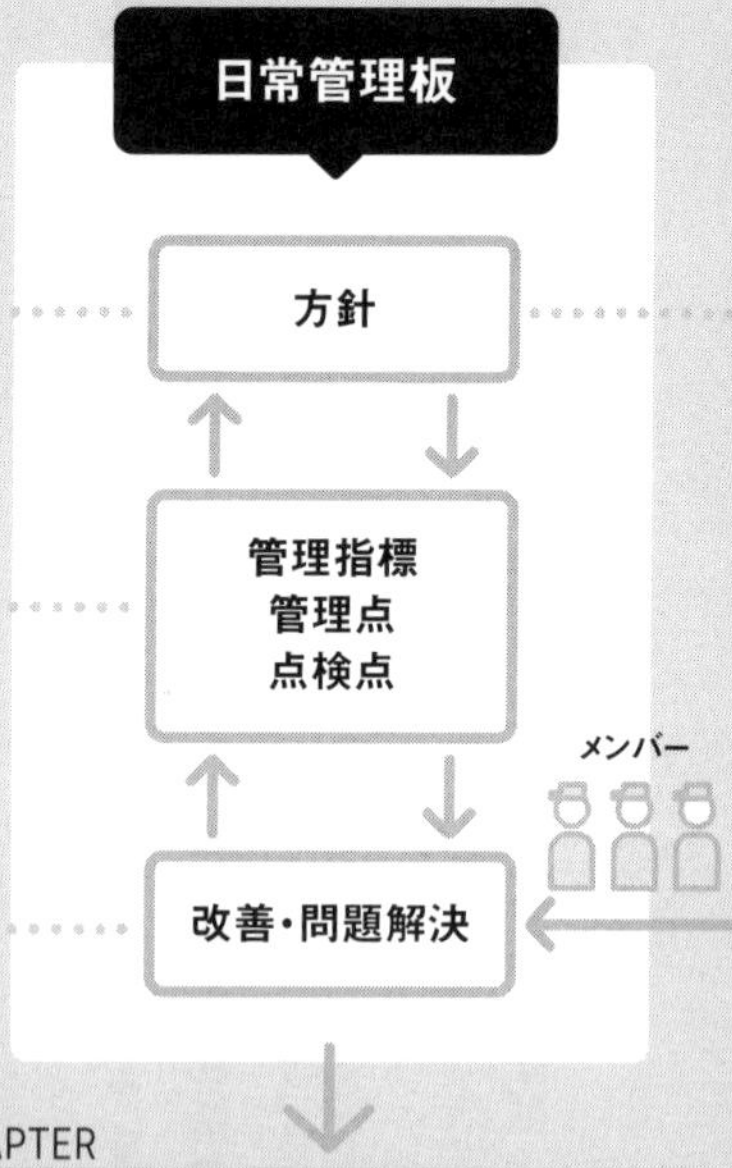

CHAPTER 6
〈応用編〉方針管理で差をつける

日常管理板で重要な
方針管理について、
トヨタの問題解決手法や
ノウハウとともに解説

→ 220ページ

CHAPTER 5
日常管理板の運用のコツ

日常管理板を現場でしっかり
運用させるために押さえたい
ポイントを解説

→ 170ページ

CHAPTER 2
職場が変わる！日常管理板の5つのメリット

日常管理板を運用すると、
何がどう変わるのか？
その具体的なメリットを紹介

→ 58ページ

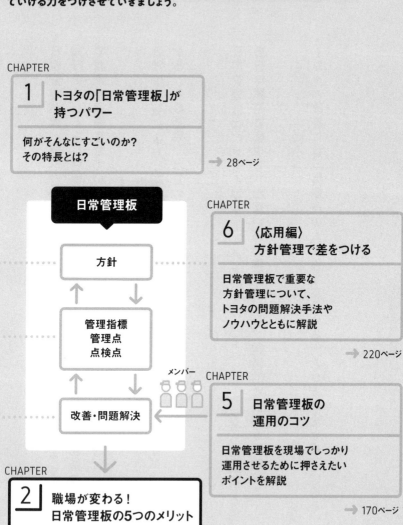

ここでは、実際にトヨタの日常管理板を運用すると、具体的にどんなメリットが生まれるのか、解説します。テレワークがますます進み、メンバーと直接対面できない状況も増えていますが、そうした中でもメンバーが仕事の方向性を見失うことなく進んでいけるよう、マネージャーとしてしっかり

CHAPTER 2

職場が変わる！日常管理板の5つのメリット

CHAPTER 3
成果を出す！
日常管理板のつくり方

最適な職場方針・目標の決め方とは？
成果を生む「管理指標」の
つくり方とは？

→ 86ページ

CHAPTER 4
「改善」が進む！
トヨタの日常管理術

「7つのムダ」や「問題解決の8ステップ」
を活用し、
日常管理板を最大限に生かそう

→ 126ページ

CHAPTER 2

目的

LECTURE 1

実態を「視える化」し、課題を解決できる

隠れた仕事を表に出す

ここからは、日常管理板を運用すると、どのようなことが可能になるのか、メリットについて見ていきましょう。

日常管理板では、次のようにさまざまなものが「視える化」されます。

①どんな方針があり、どんな管理指標をクリアすればよいか
②今現在、目標がどの程度達成されているのか（日々の状況がリアルタイムで記される）
③目標達成を阻む問題を解決するために、どんな改善が提案されているか、どんな改善

に取り組んでいるか

④目標達成に効果的な作業に、着実に取り組んでいるか（各担当者が必要なチェック作業を行う）

つまり、**「今、自分たちの職場は何に重点的に取り組んでいて、どのような状況なのか」がわかり、1日単位でメンバーが自分を振り返り、マネージャーがフォローすることで、進捗具合やつまずきのポイントがいち早くつかめる**ようになっています。

重要なのは、現状をいかに正確に「視える化」できるか、です。それができるほど、問題解決は進みやすくなります。

また、取ったデータはグラフ化するなどして、誰にでも現状がひと目でわかり、問題が発見しやすくなるように工夫することが大切です。

では、皆さんのオフィスに目を向けてみましょう。

オフィスワークは、メンバー個人の裁量に任されている部分が多いですが、マネージャーの皆さんは、メンバーが今日は何の仕事に対応したのか、どれくらいの時間をかけてしているのか、日々きちんと把握できているでしょうか。同じ職場、同じ職種でも、隣の席の同僚が何の仕事をしているか、お互いに知らないことはままあります。

このように、「仕事の内容と進捗が個人任せになっている」のがオフィスでは常といっていいでしょう。

こうした状態を「視える化」してくれるのが日常管理板です。**日常管理板は「視える化ボード」とも呼ばれています**。仕事を把握する、視える化するためのボードということです。

いつからいつまで、何の仕事をしていたのか、何の作業をしていたのか、実は本人すらわかっていないことが多いものです。仕事に振り回されて一日が過ぎ、「もう、こんな時間か！」という経験は、誰しもあることでしょう。

思いのほか時間がかかった仕事の中には、多くのムダが眠っているはずです。特に、個人の裁量が大きいオフィスワークは、マネージャーなどの第三者が関与するだけで、改善すべき点がたくさん見つかります。

これまで見えていなかった、あるいは薄々気づいてはいたが、見ないふりをしてきたもの。**仕事の目的・全容・課題を「視える化」し、それをテーマとして改善していくことが、この日常管理板の役割**です。

オフィスワークの場合も、問題を一つひとつの業務プロセスに落とし込み、標準化できれば、ムダや非効率を回避できるようになり、職場全員の仕事の質が上がります。

テレワーク時代に欠かせない職場管理のポイント

今後は、オフピーク通勤や父親の育児参画、在宅介護、コロナ禍など、さまざまな社会情勢の変化にともなって「出社」のあり方も変わり、テレワークがますます進んでいくことが予測されます。メンバーたちと対面できない状況になっても、マネージャーとして、しっかり職場管理していくしくみを持つことが、より一層求められます。

具体的には、CHAPTER1でもお話ししたように、「何をしてほしい」「何をしなければならないか」をマネージャーとメンバーの間で明確に「視える化」し、共有することが必要です。

テレワーク時代でさらに「個人任せ」な状況になりがちだからこそ、日常管理板を活用して会社方針・職場方針、管理指標を全員で共有する、さらには一人ひとりの仕事にひそむムダを改善し、標準化して全体のパフォーマンスを底上げするしくみをつくっていくことが大切です。

CHAPTER 2

目的

LECTURE 2

「なぜなぜ分析」の併用で人材が育つ

一番強いのは問題解決力のある職場

トヨタ時代は約30年にわたって工場の組立課にいたトレーナー森川泰博は、現場における日常管理板の役割は「現状の視える化」だとしたうえで、**実際の問題解決にはマネージャーの関与が欠かせない**と強調します。

「日常管理板には、毎日、メンバーがその日の記録をつけていきます。ただ、これだけでは、振り返りの習慣化につながるという点では有用でも、単なる『記録板』にすぎず、問題解決にはつながりません。

一般に、発生した問題について、メンバーが自力で真の原因にたどり着くのは困難です。

そこで大切になってくるのが、**日常管理板を前にしてマネージャーが『なぜなぜ分析』を繰り返し問いかけ、メンバーに考えさせる**ことなのです。

「なぜなぜ分析」とは、**ある現象についてなぜそうなったのか、その原因をどんどんさかのぼって問いかけていく手法**です。

たとえば、「若手営業担当者の成績がダウンしている」ことを課題とします。これに対し、最初の「なぜ?」を問いかけます。

すると、「既存の顧客を回っていることが多く、新規顧客を獲得できていないから」という原因が浮かび上がりました。しかし、それを最後の答え、最終的な原因とはせず、さらに「なぜ、そうしているのか」と問いかけます。

次に原因として推定されたのは、「新規顧客を訪問してもなかなか商談まで持ち込めず、時間をムダにしたくないと考えているから」という事実でした。

さらに、「なぜ、商談まで持ち込めないのか」と投げかけると、「新規顧客にアプローチするにあたって、業界の課題などの顧客ニーズを収集できていないから」という原因が見えてきて……、というふうに「なぜ」を繰り返して掘り下げていくと、問題の根本的な原因に突き当たります。この根本原因を、トヨタの「問題解決の8ステップ」では「真因」

と呼んでいます（27、160ページ）。詳しくは『トヨタの問題解決』（KADOKAWA）を読んでいただければと思います。

「こうして、『なぜ』と繰り返し問いかけてメンバーに問題の真因を考える機会を与え、解決へと導いていきます。この方法で日々見えてくる小さな問題を一つずつ解決していくと、やがてメンバー自身で〝1人想定問答〟ができるようになり、マネージャーのアプローチがなくてもひとりで問題を発見し、解決できるようになります。

こうした**自律的に改善できる人材を育てることで、皆で問題解決の成果を上げられるやりがいのある職場、すなわち『強い職場』を実現できる**のです」（森川）

〝カンコツ〟を新人や若手に習得させる

オフィスワーカーの場合、入社時に社会人研修を受けたきり、あまり教育を受ける機会がなかったり、新しい技術が出てきたときに勉強会に参加することはあっても、「どのように仕事をこなすか、やりやすくするか」「どうすれば、仕事の成果を高められるか」といった点については、我流でやっていたりすることが多いのではないでしょうか。

「なぜなぜ分析」で真因をつかむ

問題テーマ
若手営業スタッフの成績が下がっている
なぜ?

「新規顧客を獲得できていないから」

なぜ?

「訪問しても商談まで持ち込めないから」

なぜ?

ここで止めると真因にたどり着かない！

「顧客ニーズが把握できていないから」

なぜ?

「顧客ニーズを収集する方法がわからないから」

なぜ?

真因
「業界知識を得る場（勉強会など）が減ったから」

解決策が見えてくる！

だからこそ、**オフィスにおいては、日常管理板を使って効率的な仕事術を追求していく余地が大きい**といえます。

また、テレワークがより一層進んでいく社会では、新人の育成も大きな課題となります。接点が少ない中で、新人を成長させていかなければいけません。

人が仕事を覚える際には、単に業務マニュアルに書いてあることだけではなくて、上司や先輩のちょっとした仕事ぶりから学ぶことも多いはずです。接する機会が少なくなるのならば、そうした見えにくい仕事の勘どころやコツ（トヨタでは〝カンコツ〟と呼びます）を洗い出し、「皆が身につけるべきこと」としてまとめていくことも大切でしょう。

このように、特にベテランメンバーが身につけている、現時点で最も効率的で、最も品質を高められる仕事のやり方を現場の全員で検討し、文書化したものを**「作業要領書」**と呼びます。

現場の全員がそれを身につけ、**誰がやっても効率的に高い品質の仕事ができるようにすることを「標準化」**といいます。そして、それが**毎日の仕事で守る「基準」**となります。

日常管理板を通じて作業要領書をつくっておけば、新人をはじめ、キャリアが浅くスキルが未熟なメンバーへの教育も、より効率的に行うことができます。

“カンコツ”をまとめた「作業要領書」

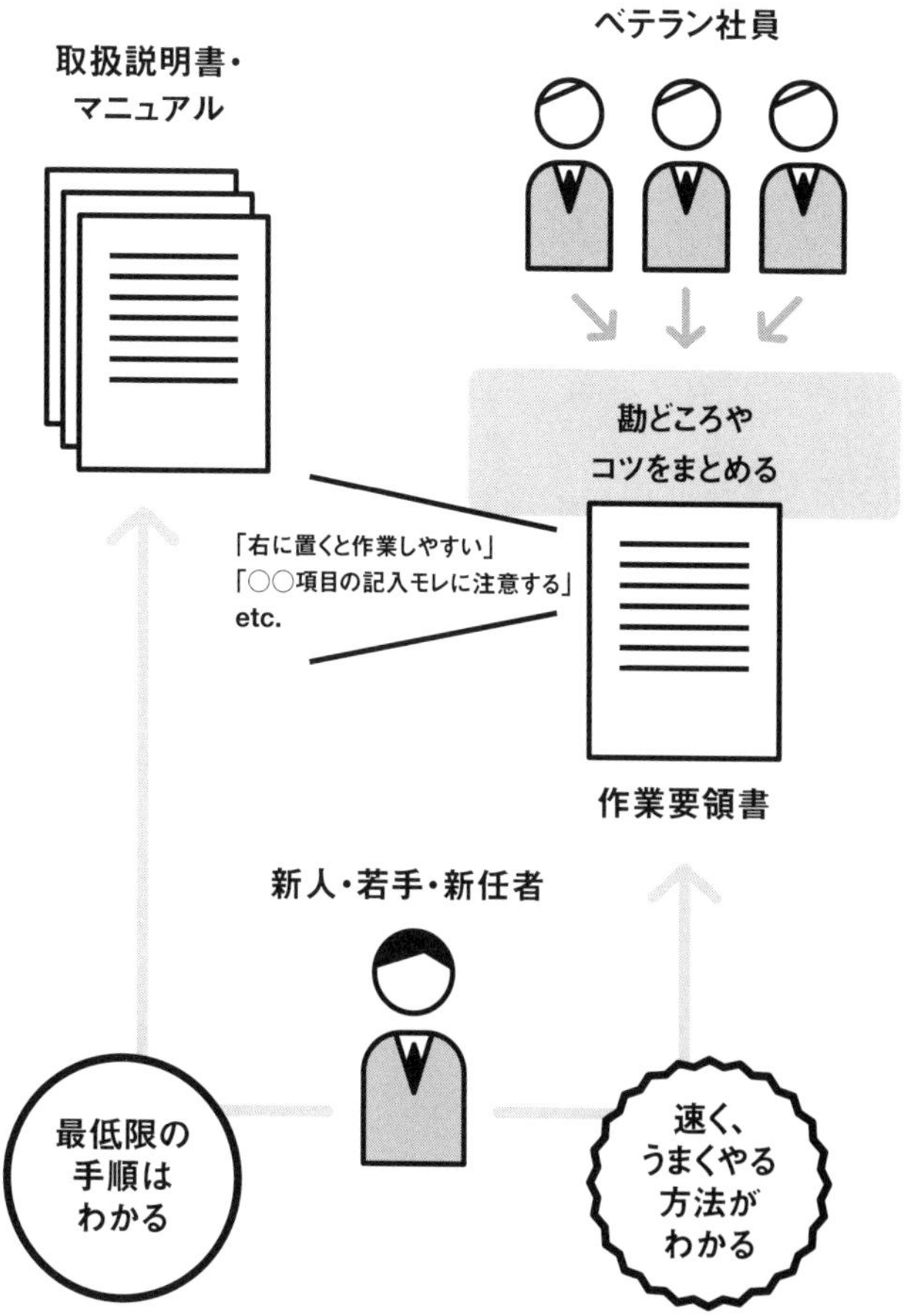

CHAPTER 2

目的

LECTURE 3

顕在・潜在2つの問題にすばやく対応できる

問題が発生してもすばやく解決できる

トレーナーの内田靖雄はトヨタ時代、元町工場の総組立部に在籍し、海外支援業務にも尽力してきた人物です。国内外で現場をまとめてきた彼が日常管理板のメリットとして挙げたいのは、「問題が起きたときに、解決に向けていち早く対応できること」だと言います。

「目標未達や異常発生がどうして起こるのか。実は、要因は決められた手順をおろそかにしたり、日常管理のチェック項目の実施を怠ったりといった、ルールの不遵守にあることがよくあります。

逆に言うと、日々なすべきことを守れば、仕事のクオリティは維持できます。

ですから、目標未達や異常発生があったときにまず行うのは、『日常管理板の運用を通じて、成果の達成・定着のためにルール化された項目が遵守されているか』の確認です。これにより、問題に素早く対応でき、原因追究もたやすくなります」

作業標準には理由がある

そもそも、どうしてルールの不遵守が起こるのでしょうか。

トヨタ時代、一貫して堤工場で鋳造関係の設備・部品製造に関わってきたトレーナーの濵﨑浩一郎は、こう語ります。

「『ルールを守るのが面倒だから』、『日常管理の項目を毎日チェックしなくても、どうせ気づかれないから』とメンバーが手を抜くケースもありますが、実際には『作業要領書（68ページ）で示されている手順や方法などよりも、自分が考えた方法のほうが効率的なんじゃないか』と考えて守っていなかったり、日常管理を行っていなかったりすることも多いのです。

しかし、一見非効率に思えるかもしれないルールにも理由があります。たとえば、なぜ工場内をA地点からB地点に移動するのに、直線ではなく、迂回するように決めてあるのか。それは、直線移動すると、視線を落としていた場合に頭をぶつけやすい箇所があるなど、働く人の安全を守ったり、うっかりミスを防いだりするなどの理由があるからです。

もちろん、こうした作業標準は、『現時点で最善』と思われる方法ですから、今後バージョンアップされたり、まったく別の方法に変更されたりすることもあります。

しかし、やり方を変えるにしても、『なぜ、今はそうなっているのか』を理解していることが前提です。もし、軽視されているとしたら、ルールを破ったメンバーだけでなく、説明不足のマネージャーも責任を問われます。


また、濵﨑は、チェックシートへの書き込み方を見れば、担当者が実際に現場に行って、きちんと設備を目の前にしてチェックしたのか、パパッとチェックだけしてすませたのか、だいたいわかると言います。まずはマネージャーが自ら現場に行き、『現地現物』で確認することが大事ですが、同様に日頃から日常管理のチェックシートの様子を観察しておくことも重要です。

オフィスでは、結果さえよければ、プロセスは本人任せになっていることが多いのではないでしょうか。仕事の質を守るために、自分たちが遵守するべきポイントをメンバーとともにまとめ、メンバーに日々チェックをさせてみてはいかがでしょうか。

問題が表面化する前に対策を打てる

トレーナーの内田は、日常管理板を導入するメリットとして、起きてしまった問題、すなわち**顕在化した問題に迅速に対応できることのほか、「潜在的な問題への早期対応」が可能になる**ことも挙げています。

日常管理で得られたデータに目を光らせていれば、明確な異常に至る前の兆候を察知し、顕在化する前に先手を打つことができます。今日起きた小さな異常を集めていくことは、やがて起きるかもしれない重大事故を未然に防ぐことにもつながります。

「『事故には至らなかったが、危うくケガをするところで肝を冷やした』という、いわゆる『ヒヤリ・ハット』した報告が増加してきていたら、それは近いうちに職場災害が発生する可能性が高まっているということです。

また、『生産量や原材料単価は一定なのに、原材料費が増えていっている』のであれば、これまでより不良品が多く発生して、つくり直しが増えている可能性があります。小さな機械の不具合が発生し始めていて、品質を不安定にしているのかもしれません」（内田）

オフィスの場合、仕事を推進していくのはまさに人の力です。メンバーたちが今どのような状態で働いているのかを把握することは、事故やミスを起こさないためにも重要なことです。

皆が目にする日常管理板で管理するものではありませんが、たとえば、「『わかりました』と返すだけでよいメールなのに、いつもより返信が遅い」、「普段よりも小さなミスをする回数が多い」など、マネージャーとのやり取りの中で、メンバーが「業務過多」や「ヒヤリ・ハット」などのサインを発していることも多々あります。

主観的な「疲れているか」、「元気か」といった目に見えるものではなく、「メールの返信が返ってくるまでのインターバルタイム」「書類でミスをしている回数」といった客観的な事実に注目してみましょう。もしかしたらメンバー自身もまだ気づいていない潜在的な状態を把握し、大きなトラブルを防ぐことにつながるかもしれません。

日常管理から顕在・潜在の問題を発見

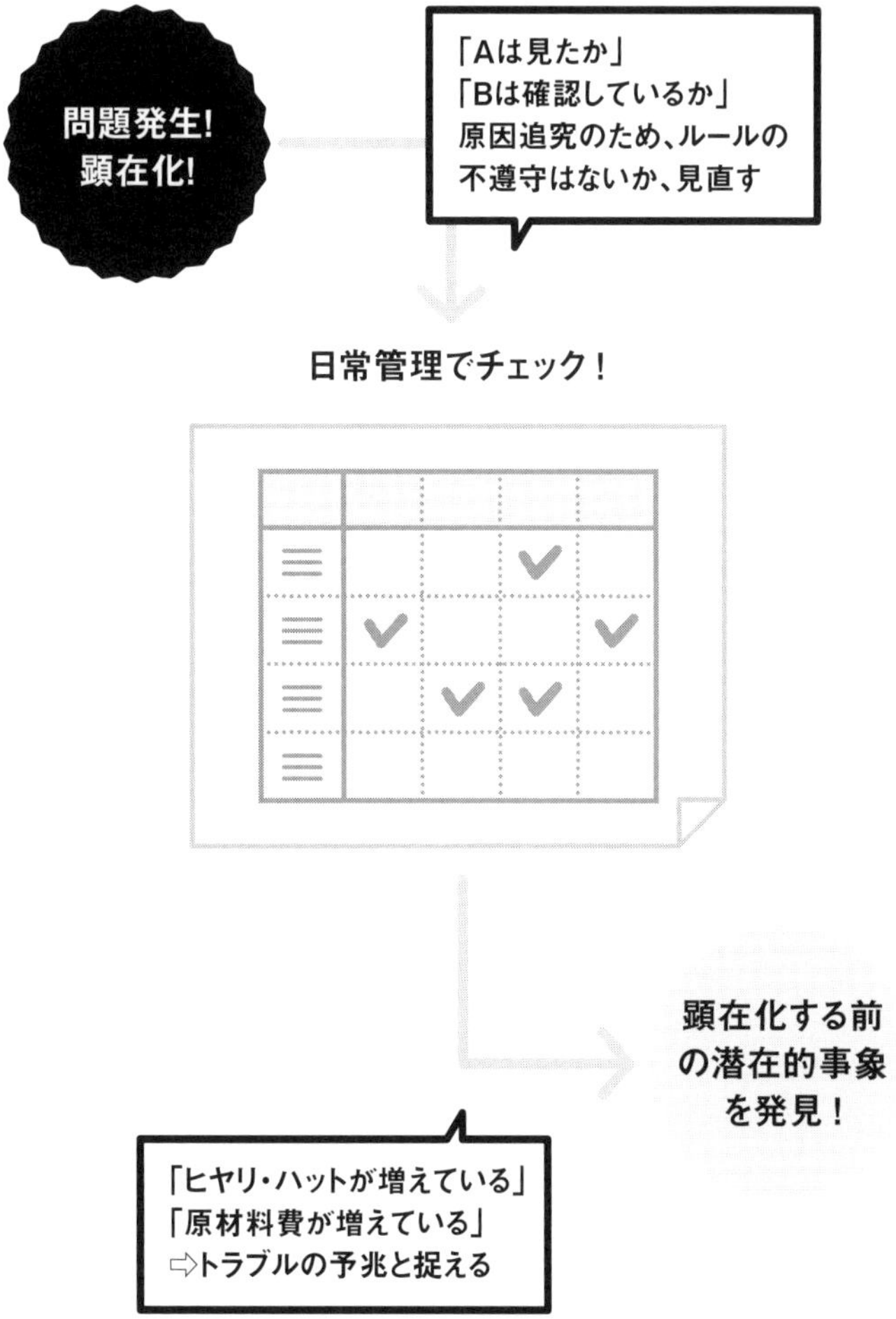
問題発生!
顕在化!
「Aは見たか」
「Bは確認しているか」
原因追究のため、ルールの
不遵守はないか、見直す
日常管理でチェック!
顕在化する前
の潜在的事象
を発見!
「ヒヤリ・ハットが増えている」
「原材料費が増えている」
⇨トラブルの予兆と捉える

CHAPTER 2

目的

LECTURE 4

成功手法が広がる「横展開」が始まる

情報の引き継ぎ・共有を徹底できる

工場では、稼働時間を長くするため、「2直2交代制」「3直3交代制」などの勤務体制を敷きます。

「直」とは、グループ分けされた従業員のひとまとまりを表します。「2直2交代」といえば「2グループ」を「日勤・夜勤の2交代」で、「3直3交代」といえば「3グループ」を「8時間ずつの3交代」で稼働させることを意味します。

交代する際には、生産状況や発生したトラブルなど、後のグループに情報を引き継ぐ必要があります。これも、前のグループで起きていたことを日常管理板に記すようにしておけば、次のグループは確認して作業に取り掛かれます。

また、交代制を取っていると、たとえば昼間にあったマネージャーからの連絡事項などは、夜勤のグループに直接伝えられませんが、日常管理板に掲示すれば抜け漏れなく共有が図れます。

アルバイトを雇い入れることが多い流通・小売、飲食業などでは、シフト管理の際の連絡徹底を心掛けていることと思います。ほかの業種でも、テレワークの推進などにより交代で出社する企業が増え、情報の引き継ぎや共有、申し送りを徹底する必要性が高まっています。

日常管理板はさまざまな職場で、マネージャーからメンバー、メンバー同士、メンバーからマネージャーへと、時々刻々の報告を行う場としても活用できます。

改善ノウハウが広がる「横展開」ができる

方針や目標に沿って管理指標を設定し、達成するために職場全員で改善を重ねていくこと。メンバーは日々の業務を毎日振り返り、マネージャーはフォローしながら管理して、仕事の質を維持・向上させていくこと。

日常管理板が実現できる「コミュニケーション」は、こうしたものだけではありません。

日常管理板は通常、従業員たちが必ず通る場所の壁に、大きく張り出されます。そのため、ほかの職場の人も自由に見ることができます。

そして、**日常管理板は〝改善ネタ〟の宝庫**。ほかの職場の人にも「視える化」されていることで、「自分たちも、このやり方を取り入れてみよう」と、社内に広がる動きをつくり出すことができます。

トヨタでは、このようなアイデアやしくみの拡散を「横展開」、通称「横展」と呼んでいます。

横展が発生する理由は、ほかにもあります。

改善がうまく回り始めた職場では業務が効率化され、成果も出るので、やりがいを持てるようになり、「もっと改善しよう」という風土に変わってきます。そうした高揚した空気感も、他の職場の人々をひきつけ、横展が広がる風を吹かせることに一役買うのです。

CHAPTER 2

目的

LECTURE 5

チームを成功に導く〝3つの備え〟ができる

日常管理板が可能にする3つの備え

最後に紹介したい日常管理板の運用メリットは、マネージャーとして〝先の備え〟ができることです。具体的には、以下の3つが挙げられます。

① 報告資料の作成が楽になる
② 次のエースを育てられる
③ 多能工化で、変化に対応できるチームをつくれる

一つずつ、紹介していきましょう。

①報告資料の作成が楽になる

マネージャーは、「メンバーをまとめて職場運営する」という対メンバーの仕事に加え、「職場の状況を随時報告する」という対上司の仕事もしていかなければなりません。

トヨタの高岡工場、田原工場で塗装畑を歩んできたトレーナーの廣利《ひろ》昭は、**日常管理板は、この2種類の仕事の両方に活用できる**と言います。

まず「現場の状態がすぐわかる」マネージャーとメンバーのコミュニケーションツールとして、さらに「工場長や部長に対する報告資料の作成を楽にする」報告ツールとして役立つというのです。

「私は残業を極力少なくしたいタイプ。役員や工場長への報告は必要ですが、報告のたびに資料をメンテナンスしたり、新たに作成したりしなければならず、残業となってしまうのが嫌でした。

そこで、その頃はまだ日常管理板がトヨタ内で浸透する前でしたが、これと同じような『課の方針ボード』というものをつくったのです。

各現場で日常管理している情報を、方針管理ボードに日々上書きしていくしくみにして、常に現在の状態を『視える化』。そして、上位方針からブレークダウンした目標に沿った日常管理の情報を『課の方針ボード』上で一元管理できるようにしていました。

毎日の活動が方針に沿って整理されて蓄積されていくので、たとえば急に役員が点検に来ることになった場合でも、新たに用意する資料は必要最低限ですみ、メンバーたちに残業を強いることも減ったのです。ボードのおかげで、上層部への報告が楽にできるようになりました」

報告資料の作成は、まずはデータ集めから始めることが多いですが、過去の状況について、データを掘り返して整理するのは非常に大変です。

一方、日常管理板があれば、方針に基づいて、取るべき日常管理データを決めているので、報告書作成に必要なデータをすぐに集められます。

現場の状況分析についても、日々、日常管理データをチェックし、潜在的な問題がないかまで目を通していれば、あらためて考察する必要もないでしょう。

ゼロから報告資料を作成しようとするとデータの収集や解析に時間がかかりますが、日常管理板を運用していれば、そうした下準備が整った状態からスタートできるのです。

②次のエースを育てられる

未来への準備ができるという観点で、「次のエースを育てられること」を挙げたのは、トレーナーの内田です。

「トヨタで新しい工場をつくるときには、職場内のナンバーワン人材を供出するので、ナンバーワンだけに頼っている現場は、一気に戦力ダウンしてしまいます。

そのためにも、常にナンバーワンに代わる『次のエース』を育成しておくことが大切になります」

オフィスでも、部門をまたぐような大きなプロジェクトが始動する際に、上役の一声で有能なメンバーが一本釣りされることがあります。また、独立したり、ヘッドハンティングされたり、感度の高さから、ほかの新しいビジネスに転職していったりすることもあるでしょう。「有能な人から辞めていってしまう」のはある種必然であり、頼りにしていたナンバーワンが急にいなくなることは常に想定しておくべきことです。

よって、そのメンバーが抜けた穴をすぐにカバーできるように、「次のエース」を育成しておくことは、マネージャーとして求められる準備であるといえます。

ナンバーワンとして現場でリーダー的な立場であるためには、どんなスキルが必要なのか。リーダーとしての役割と任務を明らかにすることは、これまで示してきたとおり、日常管理板の運用の起点となるものです。

③「多能工化」で、変化に対応できるチームをつくれる

トヨタでは、複数の仕事をこなせる人材に育てることを「多能工化」と呼んでいます。

多能工化すれば、一人の従業員がさまざまな仕事に対応できるので、職場内で業務量の分担を見直して調整する際もスムーズに進められます。

あるトレーナーは、トヨタの課長だったときに、**持っているスキルを「視える化」して、従業員のモチベーションアップに成功**した方法を教えてくれました。

まず、課の全員の写真を会議室の壁（ベニヤ板4～5枚のスペース）に張り出しました。各人の写真のわきには、所属部署や持っているスキルなどの情報を掲示。さらに、技能顕彰をとった社員がいれば、その表彰状も貼りつけました。これにより、一人ひとりが

個として注目され、ほめられる機会が増え、モチベーションが上がっていったのです。
こうした取り組みは、「能力を高めたり、できる業務を増やしたりして、もっとほめられたい」という気持ちを刺激し、競争意識を高めて多能工化を後押しします。

またこれを、日常管理板の隣に、改善テーマに取り組んでいるメンバー表として張り出せば、日常管理板で掲げる目標達成を促す刺激となるでしょう。目覚ましい改善効果を上げれば誇らしい気持ちになりますし、逆に結果が出ない状態が続けば、「このままでは格好がつかないぞ」と、自然と奮起します。

また、チームで改善に取り組んでいる場合は、どのようなスキルを持つ従業員を組み合わせて結果を出しているかがわかるため、別のチームにとっても参考にもなります。
新たにチームを組むときも、「誰が何のスキルを持っているか」があらかじめわかっていれば、最適なチーム構成にできます。メンバーに選ばれる従業員も、どのスキルを評価されたかがわかれば「何を期待されているのか」がわかり、働きやすくなります。得意な仕事や技能を評価してもらって任されるので、スピーディーに気持ちよく仕事ができるようにもなるでしょう。

CHAPTER2 まとめ

- 日常管理の運用メリットは主に5つ。
  ①仕事の実態が「視える化」され、課題解決が進む
  ②「標準化」を通して人材の育成・新人教育ができる
  ③顕在・潜在両方の問題にすばやく対応できる
  ④情報を共有し、横展開できる
  ⑤マネージャーとして先の備えができる

- オフィスワークは、仕事の進捗が個人任せになっていることが多い。その分、日常管理板を活用し、マネージャーがしっかり関与すれば、改善効果が上がりやすい。

めたらよいか考えます。管理指標については、達成のために「管理点」「点検点」と呼ばれるものをどのように見つけたらよいか、また、適切な目標値はどう設定すべきかについて説明します。

CHAPTER
1 トヨタの「日常管理板」が持つパワー

何がそんなにすごいのか？
その特長とは？

→ 28ページ

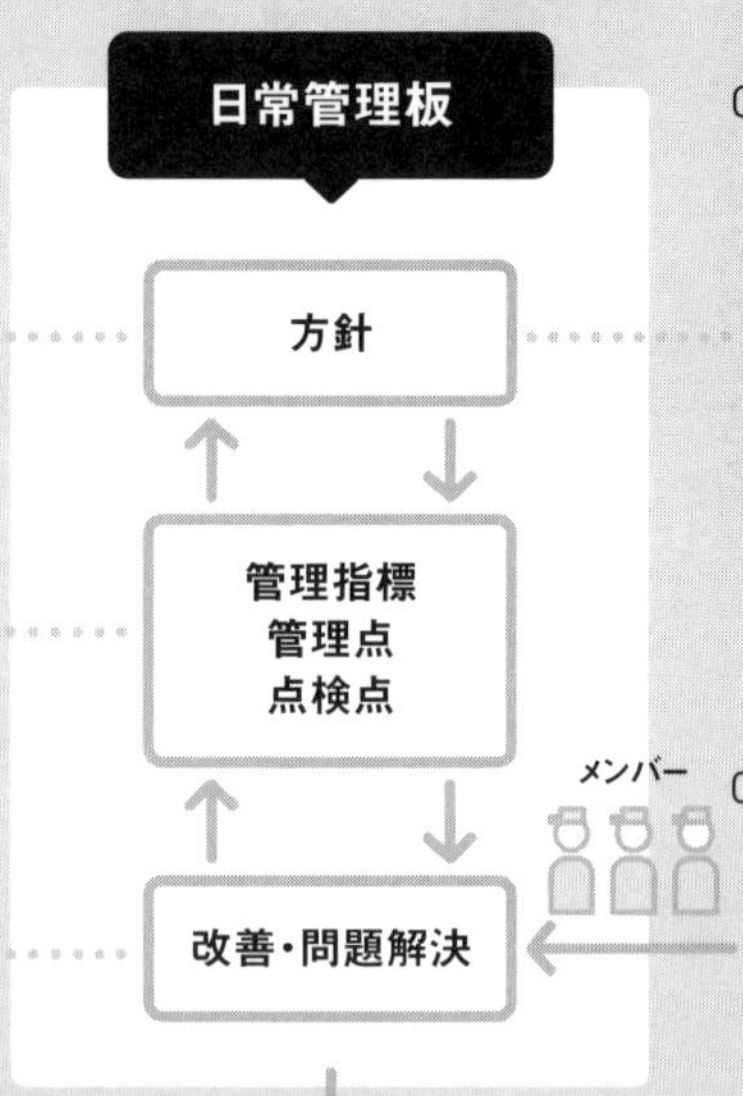

CHAPTER
6 〈応用編〉方針管理で差をつける

日常管理板で重要な
方針管理について、
トヨタの問題解決手法や
ノウハウとともに解説

→ 220ページ

CHAPTER
5 日常管理板の運用のコツ

日常管理板を現場でしっかり
運用させるために押さえたい
ポイントを解説

→ 170ページ

CHAPTER
2 職場が変わる！日常管理板の5つのメリット

日常管理板を運用すると、
何がどう変わるのか？
その具体的なメリットを紹介

→ 58ページ

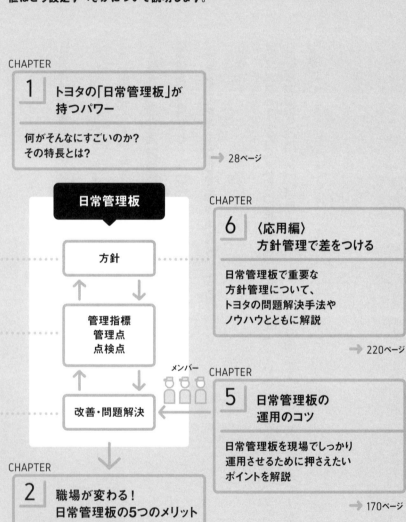

ここでは、「日常管理板のつくり方」として、「職場方針・目標の決め方」と「管理指標のつくり方」について解説していきます。会社方針との連携についてはCHAPTER6で触れることとし、ここでは、マネージャーの裁量で設定でき、かつ会社にも貢献できる職場方針・目標をどのように決

CHAPTER 3

成果を出す！日常管理板のつくり方

CHAPTER 3

作成方法

LECTURE 1

まずは「困っていること」から取り組む

小さなことから始めてステップアップしていく

「改善活動がいいことはわかりましたが、経験がないので、まず何を方針・目標にしたらよいのか……」と相談されることがあります。

そういったケースでは、トレーナーの生駒は方針・目標の設定にとらわれず、**まずは「今、職場で困っていること」の問題解決に取り組む**ことをすすめています。

「形にこだわる必要はありません。優先度や問題意識が高いことを活動テーマにして、うまくいったら徐々に拡大していきましょう。

むしろ問題は水面下でつながっていることも多いので、実際に私たちが指導に入るときは、やることを絞り込んで活動をスタートさせています。指導先の経営層から『それだけですか。もっとやってくれないんですか』と言われることもしばしばあるくらいです（笑）。

数カ月して活動が軌道に乗り始め、現場が変わってくると、ほかの問題も自然によくなったり、メンバーも問題解決のやり方を身につけて、だんだん取り組みが広がっていったりします。『会社全体の方針に基づいて管理指標を立て、改善を通して目標を達成させる』という理想的な形を目指すのは、それからでも十分です。

日常管理板の運用も、最初は〝歯抜け〟状態でかまいません。現場の実状、成長に合わせてステップアップしていけば大丈夫です」


また、方針・目標を設定する場合も、**生産現場なら「生産性を上げたい」、営業部なら「売上をアップしたい」という、大ざっぱなものから始める形でもよい**のです。

「生産性を上げたい」を方針・目標として自職場を見れば、「設備が頻発停止している」、「原材料の倉庫が遠い」、「アルバイトの人数が不足する日がある」など、個別の小さな困りごと、改善すべき問題が見えてくるでしょう。

「売上をアップしたい」という方針・目標を達成するためには、「見込み客が把握・共有できていない」、「スタッフ間の成約件数の差が大きすぎる」、「お客様と商談する機会が少ない」などの問題が上がってくるかもしれません。

困りごとは「4M」をヒントに見つける

自職場がうまくいっていないと感じているものの、困りごとの正体が何なのか、具体的な手がかりがつかめない場合は、製造業でよく使う「4M」から考えると整理しやすくなります。

4Mとは頭文字がMから始まる振り返りの視点のことで、次の4項目です。

①人(Man) 仕事をこなす能力、スキルはあるか。人手は足りているか。

②機械(Machine) 機械や設備、パソコンやシステムに不具合はないか。使いづらい点はないか。

③材料(Material) 原料や仕入れたものに問題はないか。収集した情報は信頼できるものか。

④方法(Method) 今の方法はやりにくくないか。ほかに効率的なやり方はないか。

こうして上がってきた悩みや困りごとの候補の中から、メンバー内で多数決をして取り組むべき問題を決めていきます。

職場のメンバーを集めて一斉に書き出せれば、多様な意見を一度にまとめられてよいのですが、メンバーが慣れていないと難しいかもしれません。

そうした場合は、まずマネージャー自身が思いつくかぎりの悩みや困っていることを挙げたうえで、メンバーに問いかけてみるとよいでしょう。それを土台として、さまざまな角度から意見が上がってきて、多くの気づきを得られるかもしれません。

また、メンバーは意見が一部でも採用されて方針や目標、改善テーマとなれば、積極的に参加して責任を果たしたいと思うのが人情というものです。

日常管理のポイントは、先に示したとおり、**「現場の日々の仕事のプロセスをしっかり管理し、そこで出た問題を改善して仕事の質を上げていき、管理指標を必ず達成する」**こと。

その中でも、マネージャーがメンバーとコミュニケーションを取り、改善の取り組みに日常的に関与できていれば、形はどうあれ、日常管理板の効果は必ず現れてくるはずです。

CHAPTER 3

作成方法

LECTURE 2

「5つのミッション」から目標をつくる

「5大管理」とは？

職場方針・目標を見つけるには、トヨタの「5大管理」から絞り込む方法もあります。

5大管理とは、トヨタで現場をあずかる管理監督者が職場運営をするにあたって徹底すべき、次の5つのミッションを指します。

①**安全**　安全で働きやすい職場をつくること
②**品質**　不良をつくらないこと
③**生産**　短い時間で必要数を納期どおりにつくること
④**原価**　できるだけ安くつくること

⑤人材育成　優秀な人材を育成すること

CHAPTER1で示した日常管理板のモデル図（35ページ）には5本の柱がありますが、それはまさにこの5つの観点から立てられたものです。

もともとは生産現場を想定してつくられていますが、オフィスでも応用できます。

経理部門を例にとってみると、職場の目標は次のように設定できます。

①安全　長時間残業の回避、メンタルヘルス
②品質　伝票などの入力ミス防止
③生産　経費精算の申請から支給までのプロセス改善
④原価　承認フローを電子化し、プリント用紙・トナーの使用量を削減
⑤人材育成　経理部が担っている業務内容ごとの作業要領書の作成および部内教育

しかし、これも5大管理の項目すべてで設定する必要はなく、特に優先度が高いものや困っていることから取り組んでもかまいません。OJTソリューションズが指導に入る企業でも、1つ2つからスタートすることがよくあります。

たとえば、「売上をアップしたい」を職場方針・目標としたい場合。「生産」という観点から掘り下げていくと、「成約に至るまでの生産性が低い。アポイント数、訪問数あたりの成約率を高める必要がある」「成約の見込みが高いお客様を、重点的に訪問できるようにする必要がある」が取り組むテーマとして見えてくるでしょう。

また、「品質」という観点で掘り下げれば、「お客様との商談の質が低い。お客様の知りたいと思っていることと、提案資料やセールストークをもっとマッチさせる必要がある」などが取り組むテーマに上がってくるかもしれません。

このように、マネージャーが管理すべき5つのポイントから、職場方針・目標と解決すべき問題を見出していくこともできます。

「連動性」を利用する

5大管理のうち、はじめに取り組むのは1つ2つでもよいというのは、**5つの項目は別々に見えて実はつながっているので、1つ解決すると、そのほかにも好影響を及ぼせる**からです。

その好例が、ある菓子メーカーです。

そこでは、主力の焼き菓子を対象に「最高品質の追求」を方針・目標にしました。焼き上がったときの焦げ目や形にバラツキがあるのを高い次元で統一しようと試みたのです。しかし、「品質を高める」ということは、「合格品の範囲を狭くする」ことにほかなりません。経営層からは、「良品の数が減り、生産性が低下してしまうのではないか。規定の生産量を達成できないのではないか」という心配の声が上がりました。

しかし、結果は逆になりました。

「品質を追求する」というのは、単に「不良品を取り除く」だけではなく、「不良品を生み出さず、常に高い合格基準内に収まるものづくりをする」ということです。

製造業には「直行率」という考え方があります。製造の過程で不良になることなく、全体のうちどれだけが合格品になったかという比率です。不良品が発生すれば、その分つくり直したり、追加生産したりしなければ、目標の生産数は達成できません。追加で時間も、原材料も、作業員も必要になります。

つまり、直行率が悪くなるほど、生産性も落ちていきます。逆にいえば、品質を高め、つくり直しや追加生産の機会を減らせば、生産性はおのずと向上していくのです。

最終的にこのメーカーでは、「最高品質の追求」を続けたことで、**15％近い生産性の向上を達成**できました。

「品質」と「生産」にとどまらず、こうしたつながりは、5大項目管理全体に渡っています。

たとえば、作業者が仕事に集中できない環境では、作業ミスによる不良の発生率が高まります。したがって、安心して働ける環境が保たれる「安全」を守ることは、「品質」を守ることにもつながっています。

不良の発生率が下がれば、つくり直しの回数が減りますから、決められた生産目標に到達するのが早くなり、「生産」も上がっていきます。

さらに、つくり直しが減れば、材料費や人件費も抑えられるので、「原価」の低減も実現できます。

そして、このような安全、品質、生産、原価の改善を進めるベースとなっているのは、自律的に職場の問題に取り組んでいける「人材育成」なのです。

このように、5大管理は連動しているので、まずは**「5大管理の中で、何が一番問題**

5大管理は順番にも意味がある

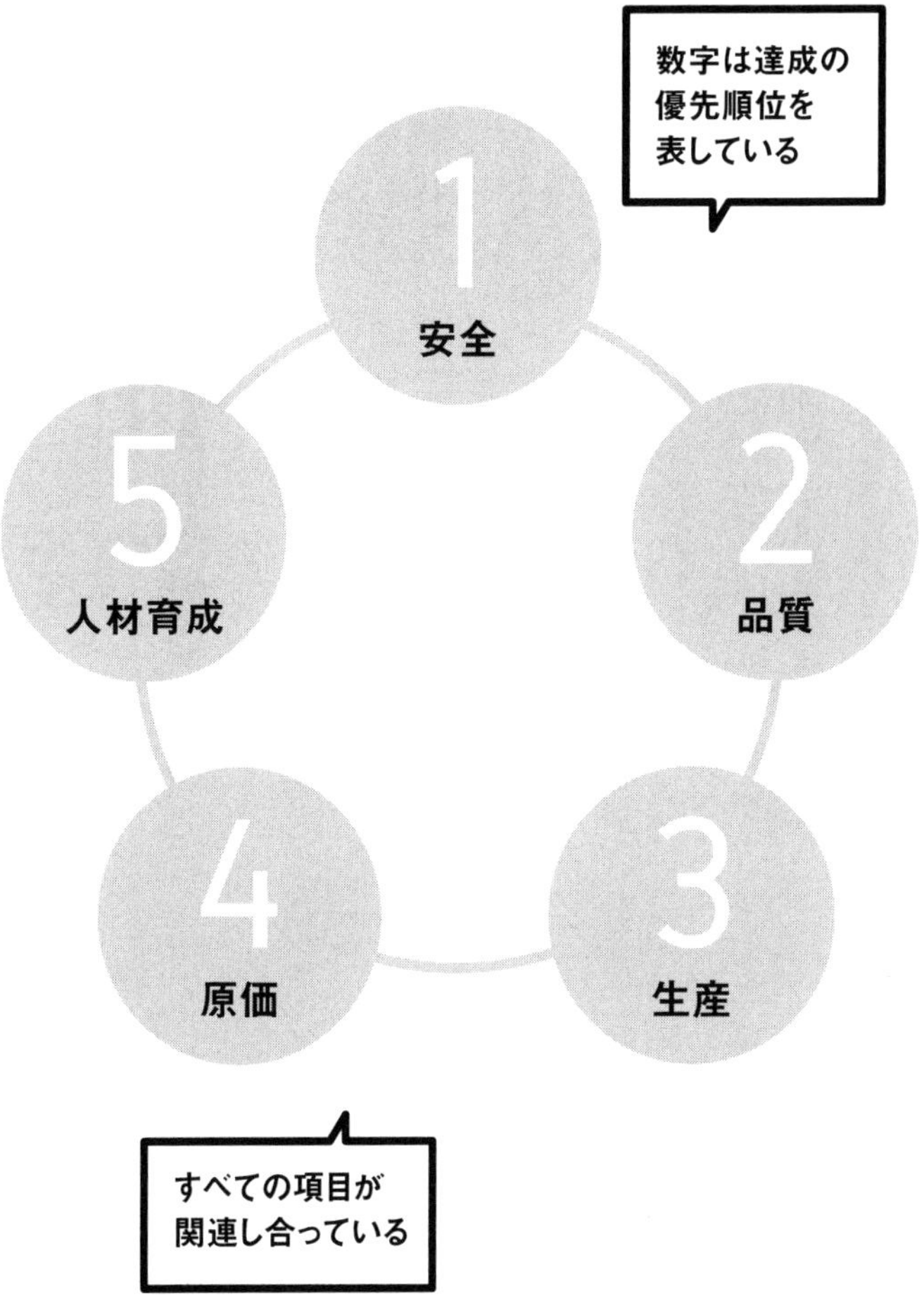

になっているか」を考え、職場方針・目標や改善テーマを見つけてみるのもよいでしょう。

「自工程完結」で品質と生産を守る

品質と生産のつながりを、オフィスに当てはめて考えてみましょう。

人手の足りない中、膨大な仕事が押し寄せている状況にあったとします。そんなときに、メンバーの資料に多少、不備を見つけてしまったとしたらどうでしょうか。「今は仕方ないと割り切ろう」、そんな誘惑にかられることはないでしょうか。

しかし、それで急場をしのごうとしても、結局、上司のチェックを通過できなければ、つくり直しを命じられてしまうでしょう。また、その指摘がお客様からだったら、信用問題に関わります。

むしろ、ささいな不備だからこそ「誰でも気をつけていればわかる単純なミスさえ防げない会社だ」という烙印を押されるかもしれません。

一度失った信頼を取り戻すためには、資料のつくり直しにかかっただろう時間とは比べものにならないほど、長い時間を要することになります。

必要な品質を都度の仕事で達成するというのは、生産性の向上と深くつながっているのです。

そうした仕事の仕方は、トヨタの**「自工程完結」**という考え方に表れています。自工程完結とは、それぞれの工程で品質を完璧につくり込むということです。真っ当に仕事をしている人なら誰しも、不良品をお客様に渡そうなどと考えません。それと同じように、製造工程においても**「自分たちの次の工程はお客様である」と捉えて、自工程で不良をつくらない、不良を次の工程に渡さないようにする**ということです。

オフィスにおいて、「資料のつくり直しをさせることが多い」としたら、この自工程完結ができていないといえます。

資料の作成は、一般的に次の流れをたどります。

①マネージャーが資料の作成を命じる
②メンバーが情報を集めて資料としてまとめる
③マネージャーが資料をチェックし、承認する

このうち、資料が完成するまでに②と③を繰り返しているオフィスが非常に多いのです。

マネージャーの立場からは「何度言っても理解しないメンバーだな」と思うかもしれませんが、メンバーの立場からしたら「いつも却下されてしまうし、とりあえず提出してから、言われたとおりに直していけばいい」と考えているかもしれません。

しかしそれでは、結局どちらも時間と労力を浪費するだけです。まずなすべきは、**マネージャーがあらかじめ、「どのような資料になれば合格なのか」という基準を示す**ことにあります。

資料の目的、資料を見せるターゲット、適切な分量、表現、内容の掘り下げ度合いなどを、基準としてしっかり伝えることが肝要です。

メンバーのほうも、この基準を理解することが必要です。おぼろげな理解で進めず、きちんとわかるまで聞いてから、資料の作成に移らなければいけません。

また、この基準があればこそ、もし提出された資料がそれに沿っていなければ、つくり直しをさせる根拠になり、メンバーにも納得感が生まれます。

オフィスワークに「自工程完結」を取り入れる（例）

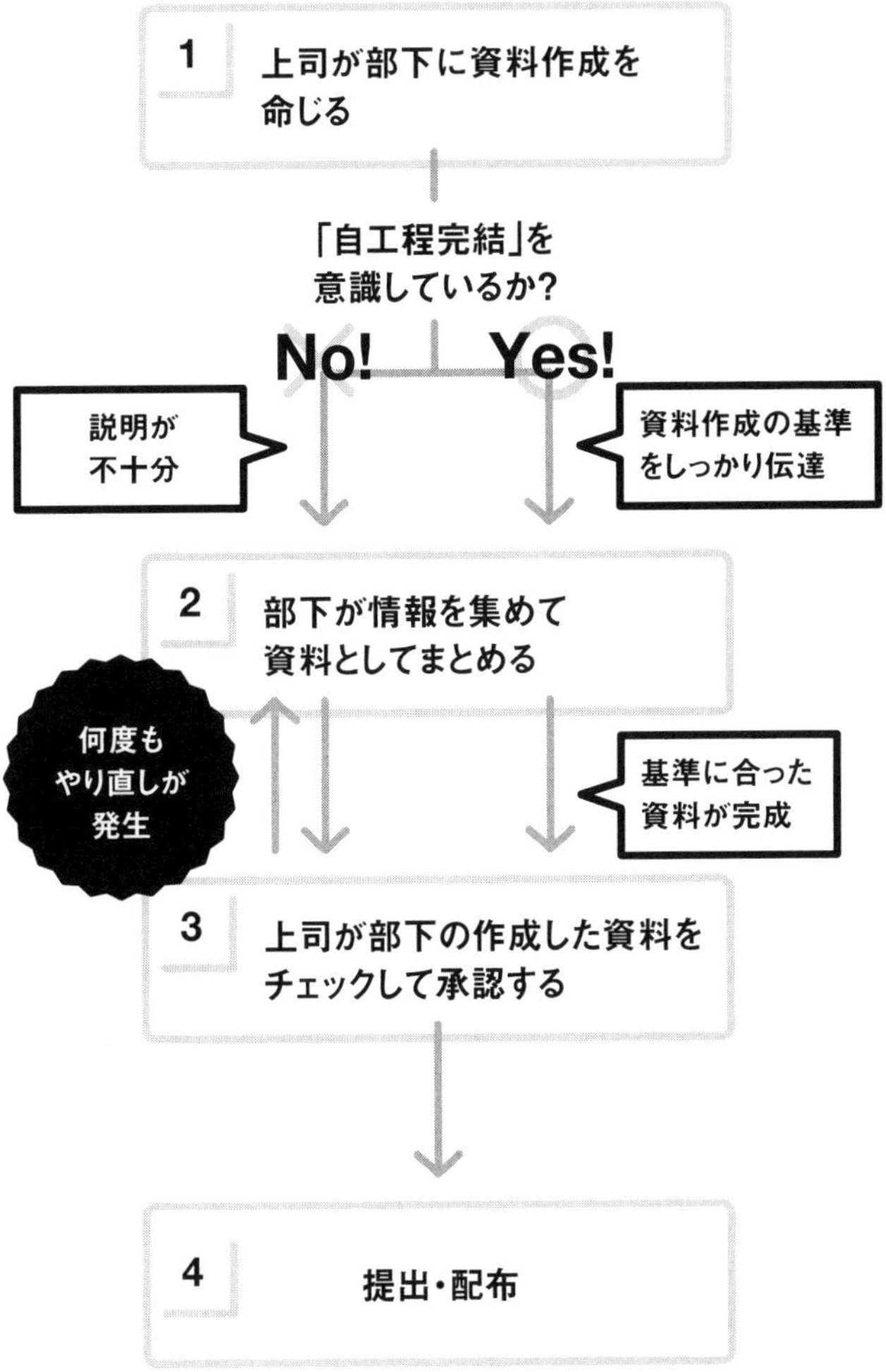

ムダをなくす基本ルール

自工程完結は、「必要なものを、必要なときに、必要なだけ」つくり、お客様にいち早く商品をお届けする「ジャスト・イン・タイム」を実現するために欠かせないファクターです。

ジャスト・イン・タイムが成立している現場では、生産ライン上にはムダなく最小限のモノだけがあり、平準化された一定のサイクルでリズムよく流れ、最小限の作業者だけが製造に関わっています。

もし、不良を次の工程に渡すようなことをしていたら、生産ラインのリズムは崩れ、製品量の調和が乱れて、在庫不足や納期遅れにつながってしまいます。

工場でもオフィスでも、人手が足りない現場でこそ、多くの仕事を早くこなしていくためには、自分たちに課せられた品質をしっかり守るという、自工程完結に取り組むべきなのです。

CHAPTER 3

作成方法

LECTURE 3

「部署・役職の役割は何か？」から考える

【部署別】課題はこうして特定する

CHAPTER1で、「マネージャーの役割は、自分の部署・役職の役割をメンバーに明らかにすること」と述べました。

これを利用して、方針・目標を「困りごと」と「5大管理」のほかに、「自分たちの部署が担っている役割」から考えてもよいと思います。

業界や企業によって違いはあっても、それぞれの部署には、達成すべき普遍的な役割があるものです。ここでは、その遂行を阻んでいる問題を掘り下げ、取り組むべきテーマを考えてみましょう。

ケース1　営業部・販売部

①役割

市場を開拓してシェアを広げ、売上の最大化を図る。

②課題例

・契約の確度が高い見込み客がつかめていない。

↓顧客情報の収集・共有ができているか。

・個々の成約件数の差が大きすぎる。

↓成績のよい営業職のノウハウの共有、標準化。成績の悪い営業職の仕事の検証。

・売れ筋商品が欠品しがち。

↓在庫の管理方法、発注のタイミング、生産計画などは適切か。

・営業機会を損失している

↓お客様のニーズを十分に把握できているか。お問い合わせに、即座に反応できているか。

ケース2　商品開発部、マーケティング部、広報部

①役割

時代の変化をいち早くキャッチし、商品ブランド、企業イメージを向上させる。

② 課題例

・ユーザーニーズに基づく商品開発ができていない。

↓既存ユーザーへのアンケートの実施・集計・分析が定期的にできているか。新規ユーザーのニーズは見えているか。

・現行商品の不良やユーザーからの不満を把握できていない。

↓本部だけでなく、販売店やお客様窓口に寄せられたクレームが死蔵していないか。

・SDGsなどへの自社の取り組みが認知されていない。

↓活用しているメディア媒体は適切か。情報リリースのタイミングは間違っていないか。

ケース3　総務部

① 役割

備品管理や社内イベントの企画・運営などを担い、他部署との協力関係を構築し、組織全体を円滑に動かす。

② 課題例

・他部署に提示する資料を作成する能力が不足している。
↓じっくり読まなくても、視覚的にわかるようになっているか。データや数字を用いた説得力のある内容になっているか。
・備品管理が甘く、支給した備品をムダにしている部署がある。
↓支給にルールをつくれないか。

ケース4　経理部

①役割
社内外のお金や物品の流れを管理し、決算書を作成して経営状態を明らかにする。
②課題例
・伝票処理業務のミスが多い。
↓伝票を受け取り、入力し、保管するまでの流れにミスを誘発しやすい箇所はないか。科目を間違いやすい物品のリストを準備してあるか。
・経費精算の申請から支給までが遅い。
↓承認のプロセスに簡略化できるところはないか。

ケース5　人事部

①役割

採用活動や人事制度の企画、教育研修の整備などを通し、「人」が活躍できる環境をつくる。

②課題例

・新卒・中途採用者の人材育成について、中長期的な計画がない。

↓職場ごとに求められる人材要件や配属先での育成方針を正しく把握し、研修や教育制度を準備できているか。

・昇進・昇給に対して、社員の中で不満が強い。

↓客観的指標による人事評価のしくみの策定・運用ができているか。

「問題がない」ことが最大の問題

「困りごと」が誰の目にも明らかな形で存在していれば、そのまま課題として取り組めばよいのですが、問題というものは常に目に見えているわけではありません。

「困らんやつほど、困ったやつはいない」

この言葉を残したのはトヨタの元副社長であり、〝改善の鬼〟とも呼ばれた大野耐一です。

「問題がないと思ってしまうことが最大の問題である」という意味ですが、それなりに仕事が流れていると、職場に問題があるとは気づきにくいものです。

そんなときは、このように「自分の部署の役割は何か」を持ち出して、一段高いところから考えることが役立ちます。現在、自分たちがなすべき役割を果たせているのかどうか、より高い理想に近づくためにクリアすべきことは何か、浮き彫りにしてくれるでしょう。

CHAPTER 3

作成方法

LECTURE 4

「管理点」と「点検点」で判断基準をつくる

達成度と直結する指標を見つけよう

取り組むべき方針・目標を立てたら、続いて、管理指標をつくります。

管理指標は、**「数値が改善するにつれて、方針・目標が達成に近づいていくこと」を示してくれる客観的なデータ**です。当然ながら、方針・目標の達成度と連動する管理指標を見つけなければなりません。そのためには、方針・目標への理解とともに、現場が日頃抱えている課題をよく知っておく必要があります。

CHAPTER1の日常管理板のモデル図（35ページ）では、左から「安全」「品質」……と5列が並んでいました。ここでは、このうち、「品質」の1列を例にとり、詳しく見てみましょう。

ステップ1 達成の目安となる「管理点」を決める

左図は、日常管理板の「品質」の列に書かれた「①方針」→「②管理指標」→「③改善・問題解決」という一連の流れです。**管理指標は、「管理点」と「点検点」の2段階に分けられます。**

順を追って解説していきましょう。

あるメーカーの工場を例に考えてみます。

この工場では、まず職場方針を「3月の期末までに不良をゼロにする」としました。マネージャーは、現場のメンバーたちとともに、「何を管理指標にすれば、不良ゼロという目標に到達しやすいか」を考えます。

調べてみると、不良の中でも、特に「包装不良」と「異物混入」の2種類が多いことがわかりました。そこで、改善の対象として、この2つに絞り込み、期日までに不良をゼロにすることを目指すことにしました。

この「『包装不良』『異物混入』の不良件数の推移」の結果が、方針を達成できたかどう

日常管理の流れ

1 方針

3月の期末までに不良ゼロ

2 管理指標

●「包装不良」「異物混入」の不良件数の推移(月次)

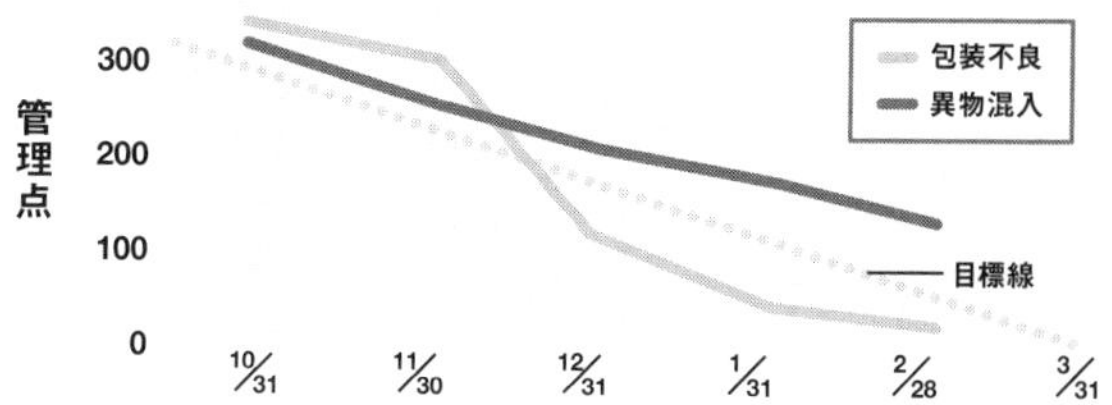

●「設備トラブル」件数の推移(日次)

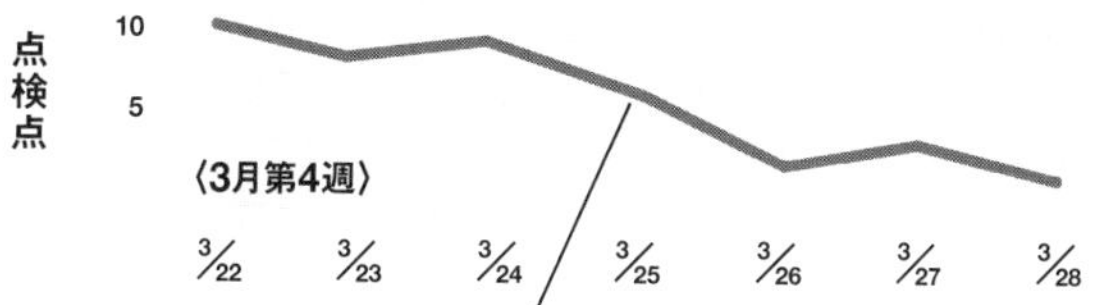

3 改善・問題解決

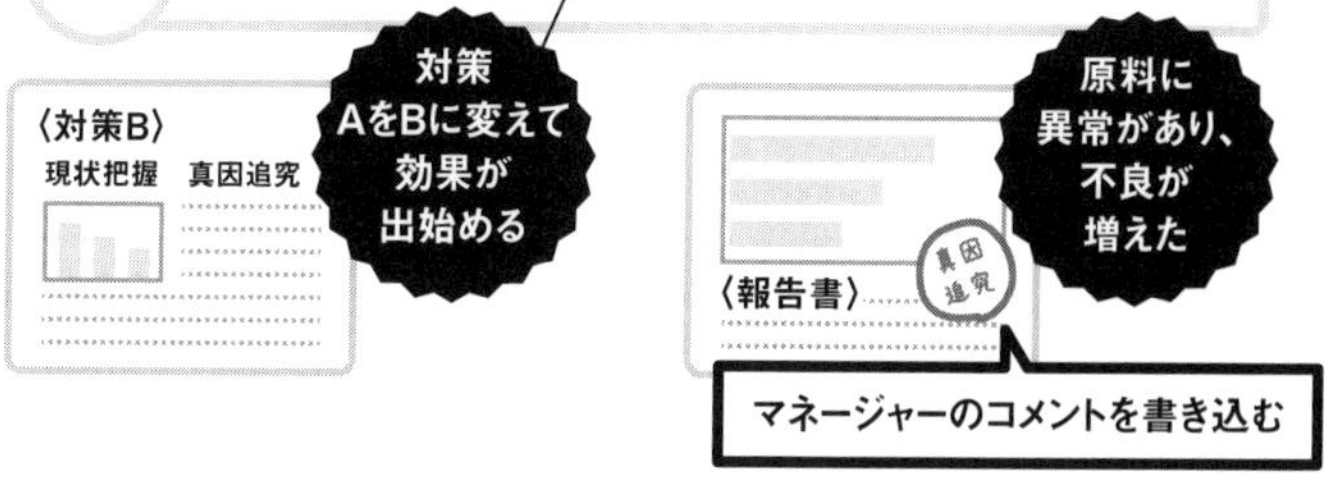

かの判断に直結する「管理点」ということになります。

オフィスの場合であれば、たとえば「不良発生回数」を「伝票入力をミスした回数」や「クレーム電話の件数」と捉えて、管理点として設定できるでしょう。

ステップ2 改善効果を数字でつかむ「点検点」を決める

管理点を達成するためには、**「不良を引き起こしている問題」を、現場のメンバーたちとともに解決していく**必要があります。

先ほどの工場では、改善活動の中で不良の原因を探っていくと、設備トラブルによるものであることが見えてきました。そこで、なぜその設備トラブルが起きるのか、原因を追究して対策を実施します。

まず1週間、対策Aを実施します。しかし、あまり不良は減りませんでした。そこで、次の週は対策Bを実施してみると、設備トラブルが減り、不良削減効果も出たので、毎日設定を調整して変えながら、設備トラブル削減をさらに進めていきました。

このような改善活動で得られる設備トラブル件数の数値は、日次データとして改善のプロセスとともに記録しておきます。この記録の推移を「点検点」と呼びます。

オフィスの場合は、たとえば「伝票入力のミス」が多く発生しているならば、伝票用紙の書式を見落としが起きにくいように変更したり、パソコンのモニターの近くに伝票用紙を立てかけて入力するなど手順を標準化したりして、改善を実施していきます。

その対策と結果を日々記録し、効果が出れば対策を調整しながら、目標値の達成を目指していきます。

CHAPTER 3

作成方法

LECTURE 5

やる気を高め、効果が上がる「目標値」を決める

管理指標が決まったら、続いて、管理指標の目標値を決めます。

ここはとても重要です。低すぎれば方針や目標が達成できず、高すぎればメンバーたちに必要以上に無理を強いて疲弊させることになってしまいます。

また、方針や目標の性質によっても、管理指標の決め方は変わってきます。以下で解説していきましょう。

方法1　過去の実績から目標値を算出する

たとえば、「営業部の売上を前期より25%向上させたい」という方針・目標を決めたとします。

この場合はすでに「前期」という前例があり、これをベースにしてどのように積み上げ

るか、という方向で考えることができます。

トヨタ生産方式には、**タクトタイム**と**サイクルタイム**という考え方があります。

タクトタイムとは、「お客様の要望から、製品を1つつくるのに、どれくらい時間をかけてよいか」を示すものです。

たとえば、1週間で100個の商品をつくらないといけないとすれば、40時間（1日8時間×月曜～金曜の5日間）÷100個となり、タクトタイムは0・4時間です。

なお、タクトタイムは「お客様の要望」によって変わります。「2週間で100個つくってくれればよい」なら、2倍の80時間をあてられるので、タクトタイムは0・8時間です。

それに対して、「サイクルタイム」は、「1個つくるために、どれくらい時間がかかるか」を示すものです。

タクトタイムもサイクルタイムも、「すべての作業技能を身につけた多能工が、全部の生産工程を1人で請け負った場合」を前提としています。したがって、1個つくるのに0・8時間かかるとすると、1週間で100個の商品をつくるには、

サイクルタイム0・8時間÷タクトタイム0・4時間＝2、

つまり作業者が2人必要ということになります。

「営業部の売上を前期より25％向上させたい」という場合も、同様に考えられます。

前期は1週間で、営業スタッフ全体で100件の営業訪問をしていたとすれば、訪問数に対する成約数の比率が変わらなければ、訪問件数を125件に増やす必要があります。

「営業部が目標として要求しているもの＝お客様の要望」とみなせば、タクトタイムは

40時間÷125件＝約0・32時間

となります。

もし、「今は、1週間で100件の営業訪問が限界」とすれば、営業スタッフを増員する方向で考えることになります。具体的には、サイクルタイムは

40時間÷100件＝0・4時間

ですから、

0・4÷約0・32＝約1・25、

つまり営業スタッフが約1・25倍、必要になります。営業スタッフが現在20人いるなら、約25人です。

最適な目標値の出し方

お客様の要望から製品を1つつくるのにかけてよい時間

タクトタイム ＝ 生産稼働時間 / 求められている生産個数

製品を1つつくるのに必要な時間

必要な作業者数 ＝ サイクルタイム / タクトタイム

例　1週間で100個つくる

8時間×5日

タクトタイム ＝ $\frac{40}{100}$ ＝ 0.4

必要な作業者数 ＝ $\frac{0.8}{0.4}$ ＝ 2

↓

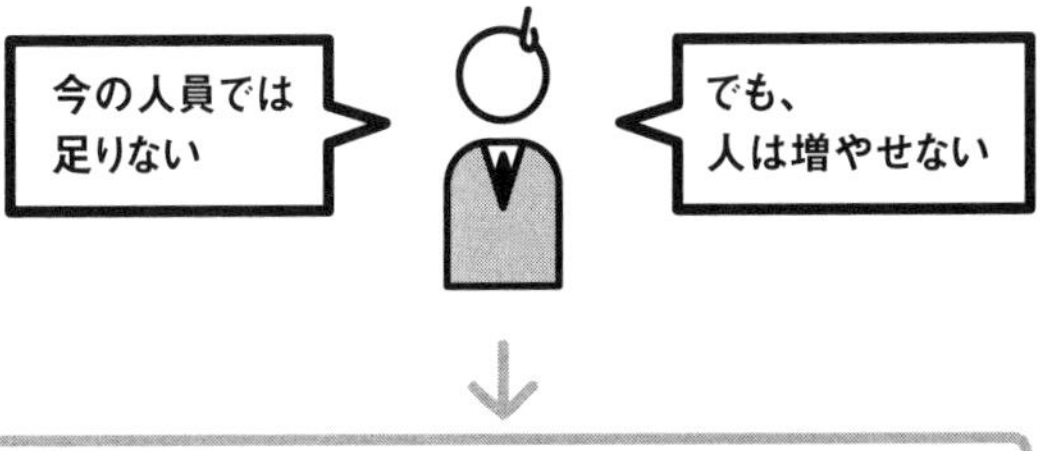

↓

作業者数を増やさずに達成するには？

①改善によって総作業時間を短くする

②平準化を進めて、タクトタイムを長くする

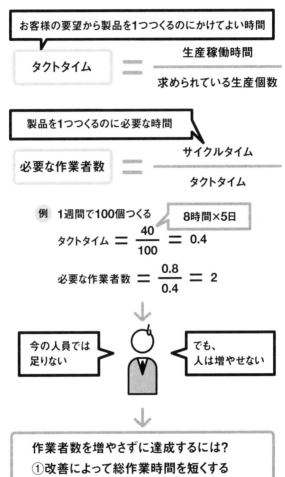

しかし、スタッフを増やせればよいですが、実状はそうはいきません。とすれば、**いかにサイクルタイムを減らし、「サイクルタイム÷タクトタイム」の数値を「1」に近づけるか、できれば未満にする（＝今より仕事が楽になる）かがポイント**となります。「訪問ルートを変更する」「見込み客と営業担当をエリアで再編する」「オンライン商談を増やして、お客様宅を実際に訪問する件数を減らす」などの対策を取り、サイクルタイムを短縮する改善に努めます。

もちろん、売上の向上策は、訪問件数を増やすことだけではありません。「資料をわかりやすくする」「成約の見込みの高いお客様をピックアップし、タイミングよく重点的にアプローチする」など、**質的な対策を実施して「成約率を上げる」ことを目指す**必要もあるでしょう。

このように、「訪問件数を増やす」「成約率を上げる」ことを管理指標とし、達成の判断軸となる数値を設定して、それに向けてさまざまな改善策を打っていきます。

また、「売上25％向上」が年間を通してではなく、たとえば販促キャンペーン中の2カ月間のことだったとしたら、早めに取り掛かることで1週間あたりの訪問件数をならす、つまり「平準化」することでタクトタイムを長くし、仕事の負荷を減らす方法も考えられます。

「人数」「サイクルタイム」「タクトタイム」をかけ合わせた最適な目標値を見出すことが重要です。

方法2 目標値を探すためにデータを取る

方法1のように、「目標積み上げ型」の場合は、過去の実績から管理指標の目標値を決めればよいですが、同じ「売上」がテーマでも、たとえば「売上機会の損失を防ぐこと」を課題としたならば、「どういうときに損失が起きているのか」を、まずは調べなければなりません。

あるスーパーを例にします。

忙しい時間帯に限らず、レジの列が長くなるときがあり、あきらめて買わずに帰ってしまうお客様がたびたび見受けられるので、これを課題にすることにしました。こうした

「売上機会の損失」に対して、「どのようなときにお客さんは列を離れるのか」を調べることから始めました。

並んでいる時間なのか、人数なのか。データを取ってみると、この店では「並んでいる時間はあまり影響がないこと」、そして、「5人以上並んだときが、離れる人が増え始める分岐点になっていること」がわかりました。

そうすると、管理点は「レジの列は5人未満」、点検点は「何人並んでいるか」となります。

これを日々チェックするのが日常管理のベースになります。ただ、それだけではただの記録にすぎません。

同時に、レジ待ちの列が長くならないように、問題解決に取り組む必要があります。さまざまな対策を実施し、日々その改善効果を測定しながら、「レジの列に並ぶのは5人未満」という目標値に向かって進んでいきます。

その改善も「レジの数を増やす」「人員を拡充する」で対応できるのであれば、一発で解決してしまうかもしれませんが、レジの機械もスタッフの採用もタダではありません。

また、そもそもレジ待ちの列が長くなるのは夕方などの忙しい時間帯ばかりではなく、突発的に列が伸びることもあります。常時最大値に合わせた状態にしておけないので、レジや人員を増やすだけでは根本的な対応にはなりません。

したがって、「列に並んでいるのは常に5人未満」にするための対策を実施し、効果があった対策は誰でもできるようにパターン化する、つまり、しくみに落とし込む必要があります。

レジ作業の技能向上や作業ルール（作業標準）の徹底はもちろんのこと、たとえば、3人並んだ時点で早めにレジカウンターから応援のサインを出す、対応時間が長くなりやすい贈答品の申し込みや商品クレームなどはレジではなく専用のカウンターで対応するなど、さまざまな対策を実施します。

そのうち、データを取ってみて目標達成にとって有効な対策と認められれば標準化し、「列に並んでいるのは常に5人未満」にするためのしくみとして整備していきます。

データをもとによりよい「作業標準」に変える

「日常管理のデータ推移から、よりよい作業標準に変えるきっかけが見つかることがある」

そう語るのは、トヨタ時代、田原工場などで40年あまり、塗装にたずさわってきたトレーナーの廣です。

「ボデー塗装課で組長をしていたときのことです。毎日の始業点検として、塗布状態、膜厚などをチェックし、日常管理の対象にしていました。そして、不良を発生させる原因はガンチップ（塗装機械の部品）の摩耗であるため、塗装台数2万台ごとにガンチップを交換するルールになっていました。

しかし、日常管理のデータを見ていると、2万台近くになっても状態が悪化する兆しが見られません。『この様子だと、ガンチップの摩耗はそれほど進んでいないのでは？』と考え、ガンチップが2万台を過ぎても問題を起こさず、できるだけ長く使い続けられるようにするにはどうしたらよいかと、班長とともに改善に取り組みました。

その結果、2万台を過ぎたガンチップには、『これまでよりガン距離を離す』『角度を下げる』などの新しいプログラムを設備にティーチング（入力）して、3万台にまで寿命を延ばすことに成功したのです」

先ほどのスーパーの例でも「列に並ぶのを5人未満」とするのを目指したのは、データを分析すると「列から離れ始めるのは5人からが多くなる」という分岐点になっているからというだけにすぎません。

レジ待ち解消の取り組み例

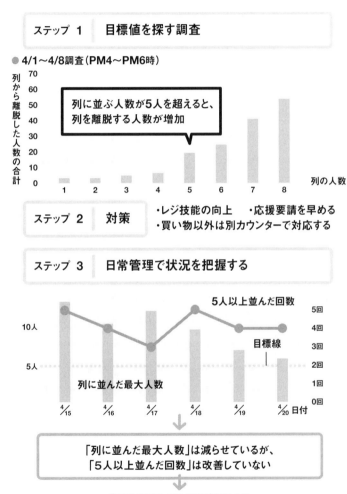

ステップ 1　目標値を探す調査

● 4/1〜4/8調査（PM4〜PM6時）

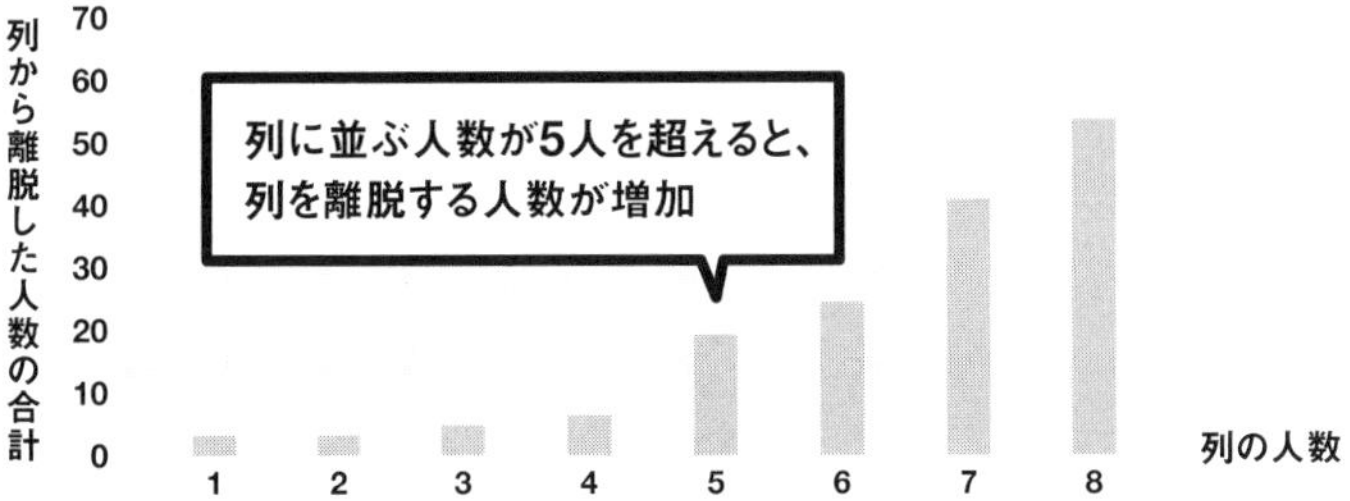

ステップ 2　対策

・レジ技能の向上　・応援要請を早める
・買い物以外は別カウンターで対応する

ステップ 3　日常管理で状況を把握する

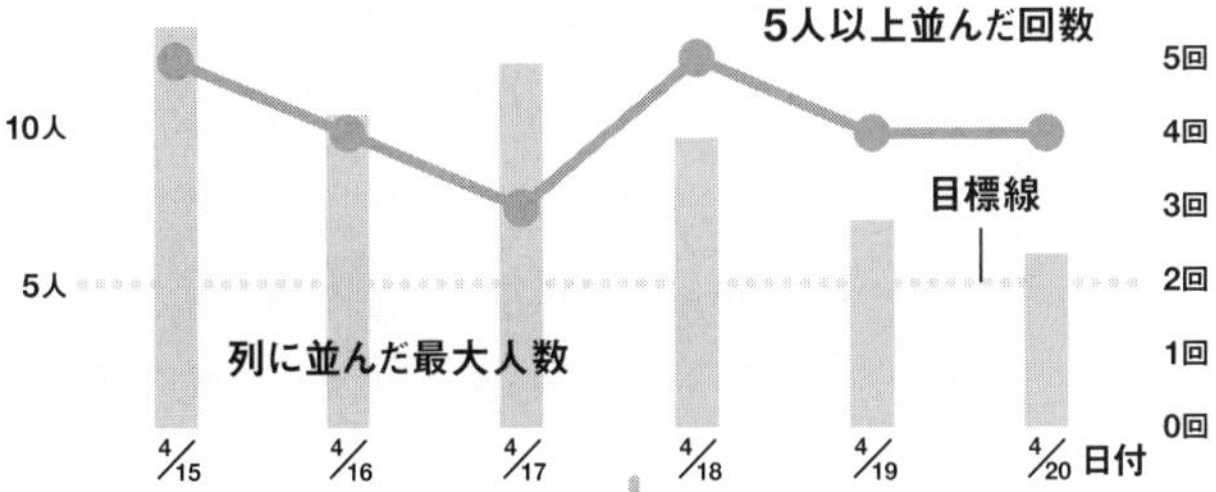

「列に並んだ最大人数」は減らせているが、
「5人以上並んだ回数」は改善していない

「回数を減らす改善策」を考える

実際には1人でも並んでいれば、列から離脱するお客様もいます。「目標値を達成したからOK」ではなく、**絶えず日常管理のデータを見直して、目標線の設定を高めていくことが大切**なのです。

データを取る習慣がない現場では、こうした取り組みは難しいかもしれません。メンバーの協力が得にくい場合もあるでしょう。

しかし、職場はマネージャー一人の力では変えられません。「1週間限定でメンバーにデータを取るのに協力してもらう」「マネージャーがまずデータを取る」などして、現状を数値に落とし込んでメンバーに職場の実像を理解させることが必要です。

そして、メンバーと議論を交わし、リーダーシップを発揮して問題解決を推進していくのが、マネージャーの役割となります。

CHAPTER3 まとめ

- 日常管理板は、はじめからつくり込まず、「困っていること」の問題解決から始める。職場方針・目標の設定も、「～したい」という大ざっぱなものから始めてよい。
- 職場方針・目標は、「5大管理」や「部署や役職の役割」から導き出すのもよい。
- 5大管理は、1つに絞り込んで取り組むだけでも、波及的な効果が見込める。
- 職場方針・目標と連動性の高い管理指標を見つけることが大切。そのためには、現場の課題をよく知っておくこと。
- 管理指標の目標値は、客観的なデータに基づいて適切に設定することが大切。低すぎると、方針・目標を達成できない。逆に高すぎても、メンバーに無理を強いて疲弊させる。

にひそむムダや非効率を排除するための「7つのムダ」や「5S」といった、トヨタ生産方式の基本手法についても触れていきます。

CHAPTER
1 トヨタの「日常管理板」が持つパワー

何がそんなにすごいのか？
その特長とは？

→ 28ページ

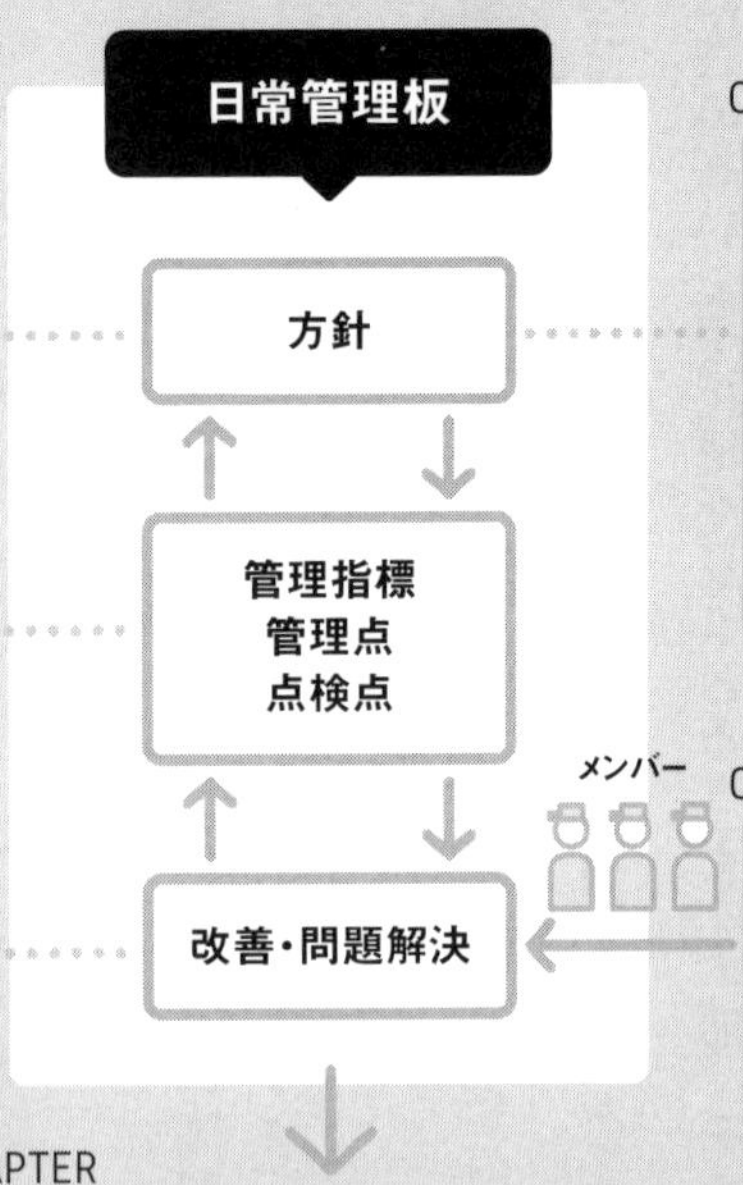

CHAPTER
6 〈応用編〉方針管理で差をつける

日常管理板で重要な
方針管理について、
トヨタの問題解決手法や
ノウハウとともに解説

→ 220ページ

CHAPTER
5 日常管理板の運用のコツ

日常管理板を現場でしっかり
運用させるために押さえたい
ポイントを解説

→ 170ページ

CHAPTER
2 職場が変わる！日常管理板の5つのメリット

日常管理板を運用すると、
何がどう変わるのか？
その具体的なメリットを紹介

→ 58ページ

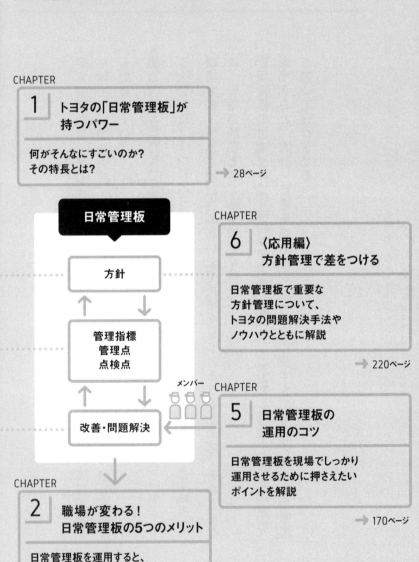

ここでは、日常管理板のさらなる活用術と知っておきたい日常管理術を紹介します。両方をあわせて活用することで、効果が飛躍的に高まります。製造業・非製造業の両方で、よく見られる問題に焦点を当て、具体的にどう取り組んでいけばよいのか、その改善手法を見ていきましょう。仕事

CHAPTER 4

「改善」が進む！トヨタの日常管理術

CHAPTER 4

活用術

LECTURE 1

業務を停滞させる要因を断つ

「仕事が個人にひもづいた状況」を解消する

ここからは、日常管理板の効果をさらにアップさせる方法を紹介していきましょう。日常管理板もこれから紹介する手法も、私たちが「改善」と呼ぶものの一環です。改善とは、トヨタ生産方式の核をなす考え方であり、全員参加で徹底的にムダを省き、生産効率を上げるために取り組む活動のことです。

よく見られる具体的な問題点を取り上げながら、お話ししていきましょう。

一般的に企業で、特に非製造業で多く見られる問題に、仕事が個人にひもづいてしまっている状況があります。

それを解決するには**部署の役割や必要なスキルを明確にし、業務の「標準化」と仕事の負荷の「平準化」を図る必要があります。**

「仕事が個人にひもづいている」とは、たとえば次のような状態です。

長く現場の営業職を務め、大口の顧客をいくつも獲得し、その成績を評価されて課長に昇進したAさん。しかし、顧客からは「引き続き担当してほしい」と言われています。後任を用意したのに電話が直接かかってきてしまい、依頼された業務を自分で処理したり、取りまとめて後任に振り直したりしている……。よくあるケースではないでしょうか。

お客様に認められるのはうれしいことですが、これでは現在、課長としてやるべき業務が滞ってしまいます。

仕事が個人にひもづいてしまっている状態を放置していると、特定の〝デキる〟メンバーに仕事が集中し、受け持つ量が多くなりがちです。

また、もしも、そのメンバーが病気になったり、顧客との人脈を持って転職したりしてしまったら、あっという間に業務に支障をきたす事態を招いてしまいます。

「業務の棚卸し」で必要なスキルを「標準化」する

なぜ特定のメンバーに、顧客からの依頼が集中するのでしょうか。

その理由を知るためには、前述のとおり、「部署の役割や必要なスキルを明確にすることが必要」とトレーナーの濵崎は言います。

「多くの企業で、会社方針はもとより、部署や役職の役割があいまいです。まずはそこを一つひとつ明らかにすることが大事です。

そして、それを現状の業務と照らし合わせながら整理する。これを、私は『業務の棚卸し』と呼んでいます。

『業務の棚卸し』ができると、『お客様に高い満足感を与えるためには、その部署、その役職はどんなスキルを持っていなければいけないか』が浮き彫りになります。

つまり、人材育成のマネジメントにまでつなげていけるのです」

「どんなスキルが求められるのか」がわかれば、そのノウハウを体系化して作業要領書にまとめ、その部署、役職にある者が学べるしくみをつくることができます。

そして、それを職場全員で徹底し、ノウハウを身につけることで、誰が担当しても安定して同じ価値を提供できるようにするのです。

「平準化」して仕事のムラをなくす

また、**「平準化」**に取り組むことも大切です。平準化とは、**メンバーやチーム間に発生している仕事量のバラツキをならして、仕事の負荷を均等化すること**です。

毎日の生産目標を決めて達成する製造現場と違い、オフィスの場合は仕事量が安定せず、突発的な依頼も多くあります。担当の割り振りを誤ると、すぐにメンバー間で仕事量にムラが生まれてしまいます。

だからこそ、マネージャーは一人ひとりが受け持っている仕事量がバラついていることに気づいたら、見過ごさずに日々平準化する、すなわち日常管理することが、チーム全体として速やかかつ安定的に仕事を進めていく鍵となります。

残業がかたよりがちな介護施設がとった解決策

平準化について、ある高齢者介護施設の事例を紹介しましょう。

その施設では入居者が個室を持ち、少人数のグループで1ユニットを形成して、決まった介護チームがサポートする「ユニットケア」という方法をとっていました。

より介護が必要な入居者が多いユニットは、チームの負担もそれだけ大きくなります。そのため、入居者が少しずつ入れ替わっていく中で、ユニット構成によってチーム間で残業時間に差が生まれるようになっていました。

そこで、この施設では、入居者が必要とする介護度を独自に点数化することにしました。そして、各ユニットの合計点数が等しくなるように入居者のグループ構成を変えて、チーム間の負担を平準化したのです。その結果、残業時間のバラツキをなくすことができました。

なお、この「ユニットケア」とは、大部屋で不特定のスタッフが世話をするような従来の介護に代わり、入居者一人ひとりの尊厳を大切にした生活環境を守り、食事や入浴、排

仕事のムラを解決する「平準化」

平準化とは? メンバーの仕事量をならして、仕事の負荷を均等化すること

例 高齢者介護施設

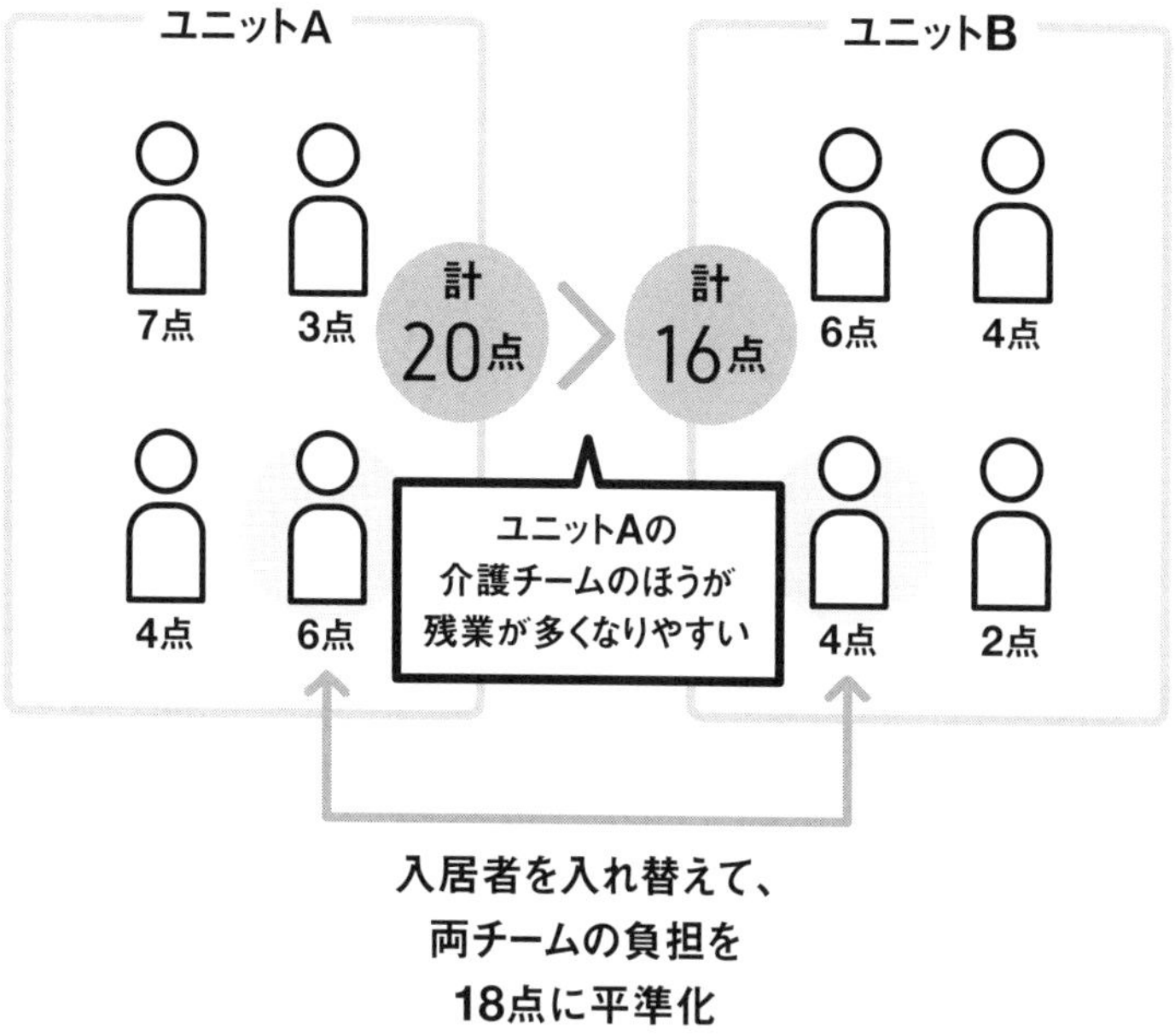

泄などのデリケートな世話を、特定の顔なじみのスタッフが行うというものです。

そのため、実際の入居者のユニットの移動は、点数化だけでなく、入居者の性格やスタッフと積み重ねてきた関係性や相性など、さまざまな要素も考えて、本人や関係する人々の理解を得ながら実施されなければなりません。

本人や関係者の理解を得ることが何よりも大切ですが、こうした方法で介護チームの負担を平準化させ、**質の高い介護をそれまでよりも楽に提供できるようにした**のです。

また、前述のとおり、入居者は少しずつ入れ替わっていくため、介護度の合計点数はいずれまたバラついてきます。平準化の効果を継続するには、定期的に現状を確認してユニット構成を見直す必要があります。

日常管理板で掲げる方針は、会社方針から下ろしてくるばかりではありません。仕事が個人にひもづいてしまっている状況のように、現場でテーマとすべき問題はいろいろあります。

標準化と平準化によって解決できる問題は非常に多いのですが、日常管理板を使うと、スムーズにその実現を図っていくことができます。

「平準化」と「標準化」

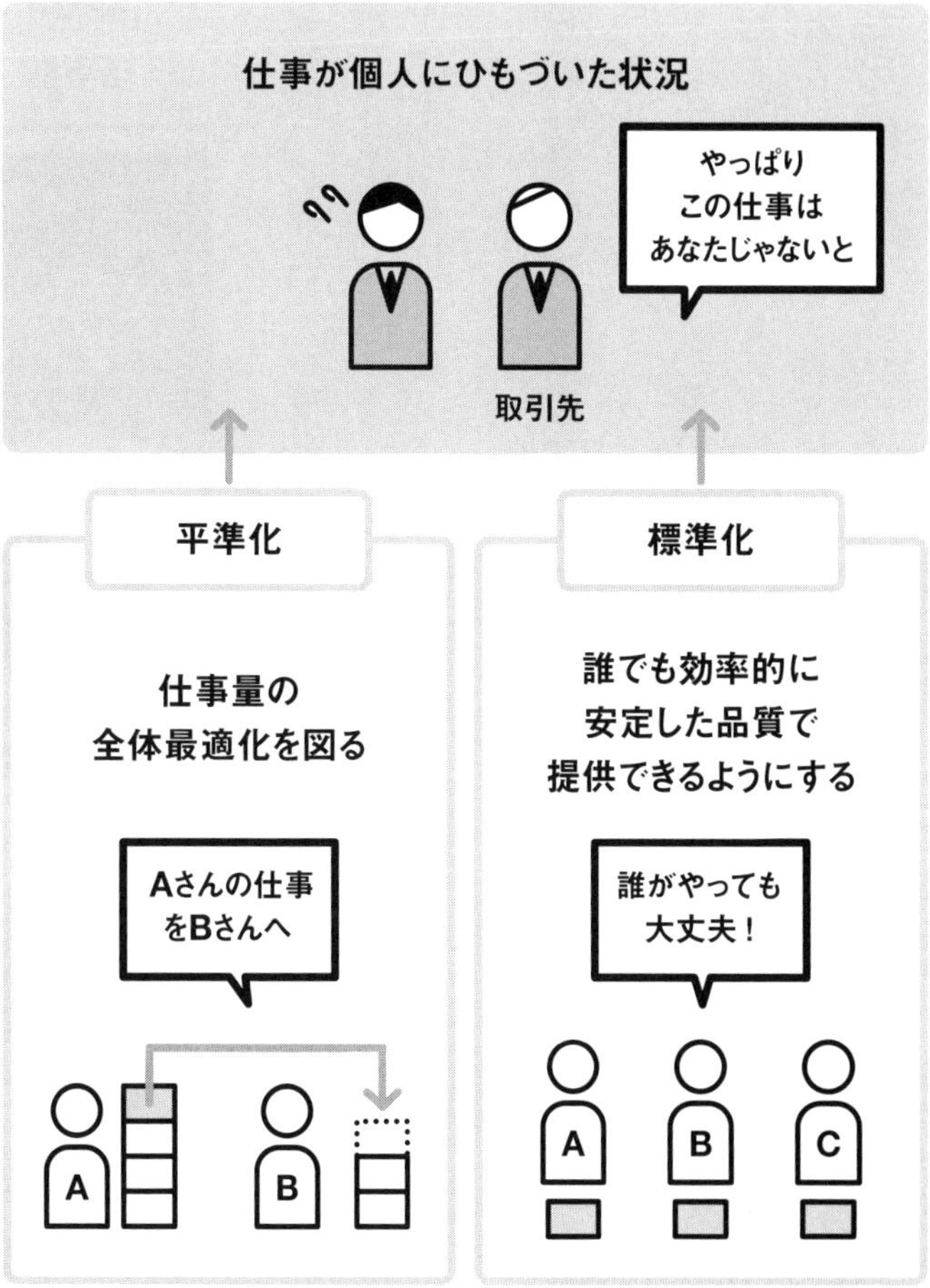
仕事が個人にひもづいた状況
やっぱり
この仕事は
あなたじゃないと
取引先
平準化
仕事量の
全体最適化を図る
Aさんの仕事
をBさんへ
A
B
標準化
誰でも効率的に
安定した品質で
提供できるようにする
誰がやっても
大丈夫!
A
B
C

CHAPTER 4

活用術

LECTURE 2

期限内に全員がやり切るしくみづくり

日常管理板は、最初から理想形を追求する必要はありません。「時間を決めて仕事をする」「期限内に仕事をやり切る」といった日常管理の観点をもってマネジメントするだけでも、現場は劇的に変わります。

「業務日報」を強力な改善ツールに変える

トレーナーの廣は、指導先の銀行で、それまで行内でも使われていた身近なツールを活用して「困りごと」に取り組んでもらいました。

「その銀行では、計画的な業務遂行ができていないことが課題でした。『今日、何の仕事をするか』がメンバーそれぞれに委ねられているため、日々のスケジュールが本人の頭の中にしかなく、その日にやれる仕事を思いつきでこなしているような状態だったのです。

そのため、今日やろうと思っていた仕事が終わらなくても誰にも注意されず、翌日以降に持ち越すことが慢性化していました。

マネージャーが『そろそろ承認・決裁の書類が回ってくるはずだが、来ないな……』と思ってメンバーに確認すると、そこではじめてメンバーの仕事がどれくらい滞留しているかが明らかになり、マネージャーがフォローを入れ始める、ということを繰り返していました。

つまり、業務の負荷と進捗がマネージャーだけでなく、メンバー本人にもきちんと『視える化』されておらず、業務を計画的に進められていなかったのです」

この状況を改善するために、廣が着目したのは「業務日報」でした。

「業務日報は、提出すべきものとして習慣化していましたが、メンバーたちは大ざっぱな内容しか書いていませんでした。マネージャーにしても、提出されたかどうかの確認印を押しているだけのようなもので、書いてある内容をもとにしてコミュニケーションを取ろうとはしていないようでした。

そこで、せっかく業務日報が習慣化しているのだから、利用して日常管理のツールにしようと考えたのです。いわば、日常管理板の代わりです。

トヨタ時代、部下の班長たちが使っていた業務日報のフォーマットを改訂して、活用することにしました。

使い方としては、まず、各行員に1時間単位で1週間分のスケジュールを立ててもらいます。メンバーは、毎日、『計画どおり業務をこなせたのか。できなかった原因は何か。こなせなかったものは翌日以降、どう挽回するのか』を書いて、マネージャーに提出します。それに対し、マネージャーは、ムダはどこにあるのかなど、アドバイスやフォローを行うようにしました」

平準化と段取りをチェックし、毎日メンバーをフォロー

業務日報の活用により、次のような効果が現れてきました。

- **行員一人ひとりの、日々計画的に業務をやり切る意識が向上した**
- **業務の負荷や進捗が「視える化」された**
- **マネージャーとメンバーのコミュニケーションが緊密になり、マネージャーが速やかにフォローできるようになった**

「業務日報」を日常管理のツールにする

7月2週目　○○太郎

	7/8 月	7/9 火	7/10 水	7/11 木	7/12 金
8:00〜9:00	開店準備ミーティング	〃	〃	〃	〃
9:00〜10:00	窓口業務	資料作成			
11:00〜12:00	窓口業務	資料作成 窓口業務のヘルプ			
12:00〜14:00	窓口業務	エリア会議	〃	〃	〃
14:00〜15:00	窓口業務	エリア会議			
15:00〜16:00	現金締め	伝達締め			〃
16:00〜17:00	小切手締め	印鑑票チェック	〃	〃	〃
17:00〜18:00	日報作成	〃	〃	〃	〃
特記事項					
役席コメント	○○のときのお客様への対応見事でした!!				

○○のときのお客様への対応、見事でした!!

1 月〜金曜日まで、毎日の業務計画を記入

2 実際に何をしたかを記入

3 計画どおり実施できなかった点、挽回策を記入

4 上司によるアドバイスと確認サイン

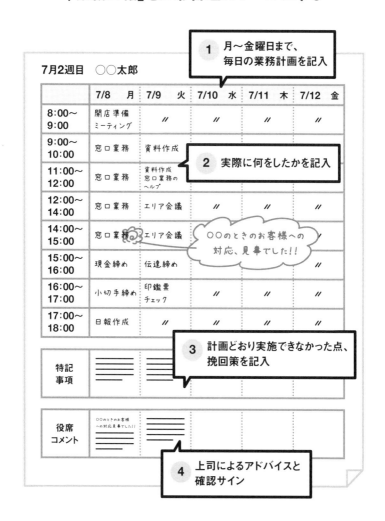

なお、ここでやっているのは、次の3点です。

①仕事の計画を立てる
②毎日、仕事の振り返り（＝チェック・計測）をする
③毎日、マネージャーが現場に関与してコミュニケーションを取る

いずれもマネジメントとしてはさほど特別なこととはいえない、むしろ基本中の基本でしょう。

しかし、マネージャーがトヨタの日常管理の観点を持てるようになれば、139ページのような紙1枚だけで、一気に問題を解消し、成果を生むチームへと成長させていくことができます。

まず、はじめにメンバーから提出された業務計画を見て、「1週間の仕事量、1日の仕事量が多すぎないか・少なすぎないか」、つまり、「平準化」ができているかがわかり、適切に指導できるようになります。

また、「この仕事は週後半でよい」「あの仕事は朝イチでやるべきだ」のように、仕事の順序や準備などの段取りが適切か、工夫の余地がないかも確認できます。

そして、1日の仕事を終えて、特記事項に書かれたメンバーの反省を見て、翌日以降の仕事の進め方に問題がないか、あらためて検討できます。

メンバーをほめる機会をつくる

銀行で業務日報を活用したメリットとして、特に強調したいのは、「ほめる機会をつくれたこと」です。

ポジションがディフェンダーのサッカー選手が「フォワードは点を取ればメディアにも持ち上げられて注目されるが、自分たちは『守って当たり前』と思われている。鉄壁の守りを敷いていても、ほんの小さな一度のミスで失点すれば、批判の矢面に立たされる」とぼやくのを耳にしたことがありますが、銀行の仕事もこれに似ています。

お客様のお金や情報を守るのは当たり前のことで、実はそれがどれほど難しいことだったとしても、ほめられる機会というのはあまりありません。

OJTソリューションズのトレーナーが改善活動でマネージャーに求めるのは、メンバーたちが仕事をやり切ったり、よい行いをしたりすれば、日常管理板の運用の中で、しっかりほめてあげてほしいということ。

この銀行の現場でも、たとえば、窓口業務でメンバーのファインプレーを見かけたら、業務日誌に「お客様から○○と言われたときの対応は見事でした！」などと書き込み、具体的にほめることができます。

メンバーにしても、**「あのとき、マネージャーは自分を見ていてくれたんだ」とわかれば、さらに業務への意欲がわいてくる**ことは言うまでもありません。

CHAPTER
4
活用術

LECTURE
3

「本来の仕事」に使う時間を最大化する

まずは仕事を3つに分類する

トヨタの日常管理の考え方は、工場だけでなく、オフィスでも有効です。これは今までの実績が証明していることですが、一方で、工場とオフィスでは仕事の仕方が違うために取り組み方が違うのも事実です。

工場では、基本的には**「一つをきわめること」**が求められます。**ある特定の製品、ある担当箇所、ある作業について、「より楽に、より効率的に、より精度を高められないか」という、究極の「標準化」に向けて挑戦を続けていく**のです。

一方オフィスでは、明らかなルーチンワークを除けば、お客様の要望や他部署からの関与によってやるべきことが変化し、都度最善の対応を求められます。

その標準化の難しさから、「オフィスに改善はそぐわない」という印象を持たれることがあります。実際、ただ仕事全体の処理スピードを上げようとしてもうまくいきません。

オフィスの改善でまず取り組むべきは、すべての仕事を**「主作業」「付随作業」「ムダ」の3つに分類**することです。

そのうえで、**付随作業を効率化してムダを排除し、主作業の時間を最大化していく**のです。

では、**「主作業」**とは何でしょうか。

「その部署、その役職についている人がやらなければならない仕事」です。

たとえば、商品企画部の場合、企画書をつくることがまさに主作業になります。その内容は、企画そのものを構想すること、企画書の構

オフィスの改善策

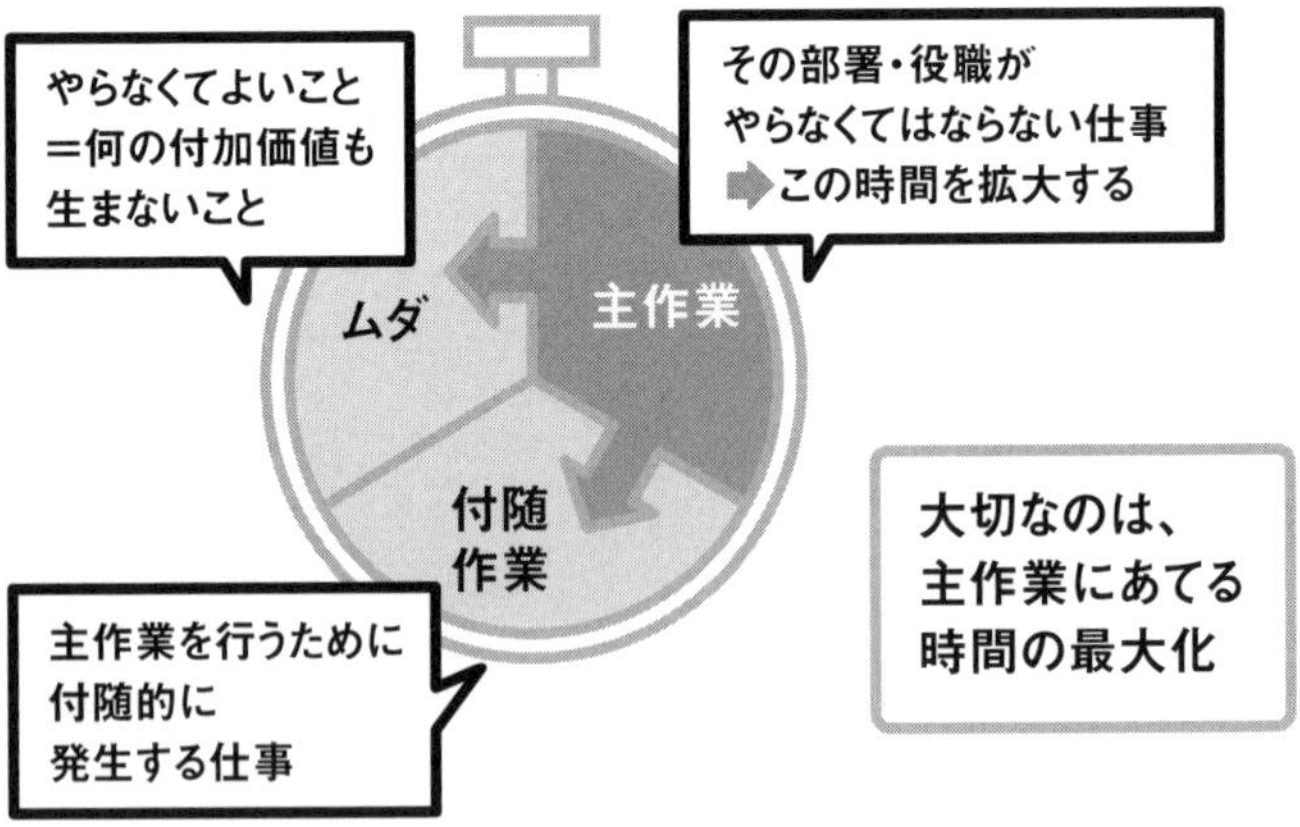

成を練ること、訴求力の高いキャッチコピーを考えることなどです。

そして、そのために行う情報収集が**「付随作業」**です。集めた資料をどのように保管しておくか、使いやすい形にしておくかも、付随作業の一つでしょう。

資料集めにかかった経費を計算したり、申請したりすることなども、周縁的な作業ではありますが、やらなくてよいことではありませんので、ここに含まれます。

「やらなくてよいこと」とは、たとえば、内容に誤りがあって何度もプリントしてしまう、確認のために上司を探し回る、企画書を提出したのに上司の机の上に何日も放置されている、といったことです。これらは**「ムダ」**に分類されます。

こうして少し挙げただけでも、付随作業とムダがいかに多いかがわかります。皆さんも日頃の業務の中で実感しているのではないでしょうか。

企画書の品質に関係ない付随作業を効率化し、ムダな行為を排除するだけで、主作業にかける時間が増え、結果的に主作業の品質が上がります。

オフィスの仕事では、主作業にかけられる時間とエネルギーを最大化することを目指してみましょう。

CHAPTER 4

活用術

LECTURE 4

効果的なムダの見つけ方

「7つのムダ」から観察する

当たり前と思っている自分の仕事の中からムダを見つけるのは、意外と難しいものです。そのヒントとなるのが、「7つのムダ」です。

トヨタでは、ムダを**「付加価値を高めない諸要素」**と定義し、次の7つを代表的なムダとして、なくすことを徹底しています。

①つくりすぎのムダ

必要以上に多くつくったり、今必要でないのにつくり置きしたりしておくこと。

まとめてつくったほうが製造単価を安くできるからといっても、売れ残りや規格変更などがあれば割引して売り叩くことになり、結局、利益を圧迫します。

オフィスでいえば、来年度版のカタログをリニューアルして大量に用意しておいたのに、配布直前に商品ラインアップが変わってしまい、すべて刷り直しになったなどです。

そして、この「つくりすぎのムダ」は、以降に挙げるほかのムダの元凶となります。たとえば、つくりすぎれば保管スペースもより必要となるので、「在庫のムダ」に直結します。また、「運搬のムダ」「動作のムダ」などを排除して効率を上げても、つくったもの自体が不要になってしまえば、そのために費やされたすべてがムダになります。

②手待ちのムダ

工程1の作業が完了せず、次の工程2が待たされて何もしないでいる状態のこと。

オフィスでいえば、従業員の福利厚生の申請書類を処理するために時間と人員を空けておいたのに、期日どおりに取りまとめを終えて提出してきた部署が少なく、想定より業務量が少なく、手が空いてしまった、などが挙げられます。

③運搬のムダ

工程1と工程2の作業場所が離れていて、次の作業をするために移動させるなどしていること。

運んでいる時間というのは、ただモノが動いているだけで、何の価値も生み出していません。

また、1日に何度も持ち上げたり降ろしたりしていれば、軽いモノでも腰を痛めるきっかけになる可能性があります。オフィスでいえば、何度も上司の承認をもらいに行ったり、出力したプリントを取りに行ったりするなど、情報や書類の移動も挙げられます。

④加工そのもののムダ

製品の品質にあまり関係のない工程、作業に時間や手間をかけること。

オフィスでいえば、プレゼンテーション資料に過剰なアニメーションを入れたり、デザインに必要以上に凝ったりすることなどです。

⑤在庫のムダ

必要以上に在庫を持つこと。必要以上に原材料を注文したり、完成品をつくったりしてため込むこと。

在庫には当然保管するためのスペースが必要で、タダではありません。また、在庫しているうちに劣化して損失につながることがあります。

また、在庫管理が不十分になると、過剰に発注したり、逆に欠品を生じさせたりする事態も招きます。

オフィスでいえば、まとめて買うと安いからといって、備品やコピー用紙を大量に発注し、古くなって使えなくなることなどが挙げられます。

⑥動作のムダ

作業する際にはさまざまな道具を使いますが、それらが適切なポジションに配置されていないために、動きにムダがあったり、ムリな姿勢で作業していたりすること。

道具がきちんと整理されておらず、道具箱の中を探し回るなどしているのは、初歩的な動作のムダです。

オフィスでいえば、机の上にいくつもの案件の資料が無造作に山積みになっていて、必要な書類を引っ張り出しながら仕事をしているような状況が該当します。

⑦不良をつくるムダ

廃棄や手直しをしなければならない不良品をつくること。

オフィスでいえば、チェックが不十分だったため、印刷後にミスが見つかったパンフレットなどが当てはまります。また、上司の要望があいまいだったため、部下が資料をつくり直すことになった場合なども、ここに分類されるでしょう。

なお、これがすべてのムダのパターンというわけではありません。

このように、類型化したある視点を持って自分の職場や仕事を見つめると、ムダを発見しやすくなるということです。

また、「在庫のムダ」と「つくりすぎのムダ」、「運搬のムダ」と「動作のムダ」のように、それぞれが近い関係であることにも着目すべきです。これは、パッと見ただけでは一つの事象にすぎなくても、複数の問題を抱えていることを意味しています。

一つのムダを見つけたら、多面的な検証を行うことが大切です。

仕事を見直すヒント「7つのムダ」

ムダとは? ＝ 付加価値を高めない諸要素

1	つくりすぎのムダ	必要以上に多くつくったり、つくり置きしたりしておくこと
2	手待ちのムダ	工程1の作業が完了せず、次の工程2が待たされて何もしないでいる状態のこと
3	運搬のムダ	移動自体が時間もコストもかかるムダと考える
4	加工そのもののムダ	品質に関係ない工程・作業に時間や手間をかけること
5	在庫のムダ	必要以上に在庫を持つこと
6	動作のムダ	道具が適切なポジションに配置されていないために迷ったり、動きにムダが起きたり、ムリな姿勢で作業したりすること
7	不良をつくるムダ	廃棄や手直しが必要な不良品をつくること

CHAPTER 4

活用術

LECTURE 5

オフィスの改善にはまず5Sを活用する

ムダ取りの土台は5S

ＯＪＴソリューションズのトレーナーが全員、指導先で真っ先に取り組むこと。それは、５Ｓの徹底です。

５Ｓとは、職場環境の改善・維持を求めるスローガンで、次の５つの頭文字を取ったものです。

①整理（Seiri）
②整頓（Seiton）
③清掃（Seisou）

④清潔（Seiketsu）
⑤しつけ（Shitsuke）

5Sは、単に掃除をしてモノを片づける美化運動ではありません。「7つのムダ」（146ページ）など、**職場環境や工程間に隠れている問題を「視える化」し、生産性が上がるモノの配置を目指すこと**とされています。

今、あなたの目の前には、机の上にうず高く積まれたやりかけの仕事、机の下に放り込まれた書類の数々、オフィスの隅に重ねられたダンボール、退職して空いた机の上に置かれている誰のものかわからない荷物……などはないでしょうか。

たとえば、積み重ねたファイルの中から今日使う書類を引っ張り出す、重要な書面にサインするために使っているペンを引き出しの奥から探し出すなど、ものを探す作業を1日あたり2分×10回やっていたとします。前述の「動作のムダ」に当たるものです。

そうすると、1カ月あたりでは20分×20出勤日＝400分となり、1年では400分×12カ月＝4800分、つまり80時間もムダにしていることになります。

1日の勤務時間を8時間で換算すれば、**10日間も一切何も生み出さない行動をしている**ことになるのです。

5Sは、工場などの製造現場ではよく知られていますが、オフィスではあまり取り組まれていません。

だからこそ、少しやっただけでも大幅に仕事がしやすくなり、目に見える効果が上がります。オフィスの中で、5S自体を日常管理板のテーマとして実践していってもよいでしょう。

①整理

いるものといらないものを分け、いらないものは処分すること。

いらないものは保管スペースを浪費する上、もしデスクの脇などに置かれれば、オフィスで働く人々の動線を阻害します。つまずいたり、積み重ねていたものが崩れたりしてケガをするもとになるかもしれません。

また、原材料や備品が整理できていないと、不要なものの陰になって必要なものの在庫を正しく把握できず、過剰発注や欠品など、7つのムダのうちの「在庫のムダ」を引き起こすことになります。

②整頓

必要なときに誰でもすぐに取り出せるように、置くもの・場所・量を決めて明示すること。

ただ備品を引き出しの中にきれいに並べただけでは、5Sが意味する「整頓」ではありません。たとえば、毎日何度も使うものなのに、引き出しの奥のほうに置いていたら使いにくくてしかたありません。

また、キャビネットなどに共有の備品を保管するのであれば、ルールを設けて誰にでもわかりやすい形で保管されている必要があります。

備品を使うときに探し回るようなことがあれば、すでに「動作のムダ」が起きています。

5Sの中でも特に改善効果が高く、トレーナーもはじめに力を入れて指導するのが、これら整理、整頓の2Sです。

オフィスで2Sを実践すれば、書棚が一つ減らせるかもしれません。もし、その空いたスペースに安価なプリンターを部署専用に購入して設置できれば、しばしば混雑して待たされるフロア全体のプリンターを使わなくてもよくなります。

また、作業台を設置できれば、資料を並べて1つにファイリングするためなどに、わざわざ空いているスペースを探すこともなくなります。

つまり、2Sを進めると、「在庫のムダ」や「動作のムダ」だけでなく、「運搬のムダ」、「手待ちのムダ」をなくすことにまで広げていけるのです。

③清掃

汚れを落とし、隠れた不良や事故の原因を見えやすくすること。

いつも油がたれている箇所があるとしたら、すでに設備の故障が静かに始まっている、またはその予兆であることが推測でき、大きな問題を未然に防ぐことができます。

また、その油によって、製造品が汚れて不良になってしまうことがあるかもしれません。

そして、その油に気づかず人が通れば、すべってケガをすることにもつながります。

「清掃」を徹底することは、5大管理の「生産」や「品質」、「安全」を守ることであるともいえます。

④清潔

整理、整頓、清掃が行き届いた状態を常に維持すること。

一度整えた環境も、仕事をしているうちに元に戻ってしまっては、せっかく高めた仕事

5Sでオフィスからムダを排除する

1	整理	いるものといらないものを分け、いらないものは処分すること
2	整頓	誰でも必要なときに、すぐに取り出せるように、置くもの・場所・量を決めて明示すること
3	清掃	汚れを落とし、不良や事故の原因を見えやすくすること
4	清潔	整理、整頓、清掃が行き届いた状態を維持すること
5	しつけ	5S以外の分野でも、現場の皆が決められたルールを守ること

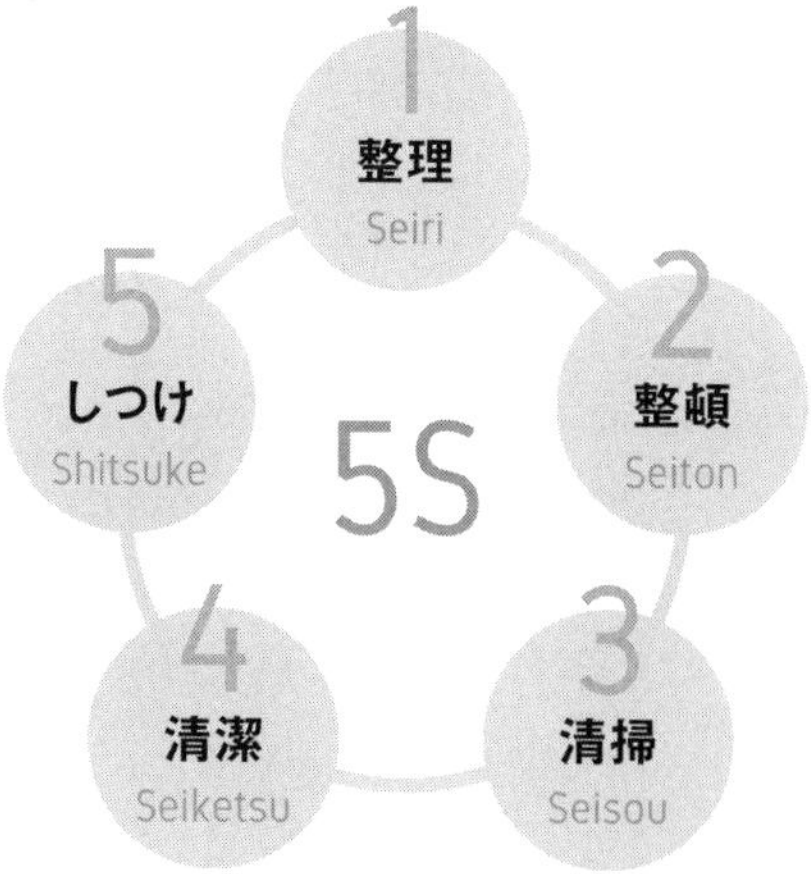

の質がまた下がってしまいます。これはオフィスだけでなく、パソコンのデスクトップのアイコンなどにも言えますね。

効率的な仕事環境をキープすることが大切です。

⑤しつけ

5S以外の分野でも、現場の皆が決められたルールを守ること。

作業標準を守る、始業前の点検を必ずやるなど、基本を守ることを職場全員に徹底することで、組織の力を育みます。これは特にマネージャーの役割が大きいです。

問題解決の8ステップ

5Sは職場の環境改善を推し進め、効率的に仕事を遂行する基礎となるものです。しかし、それだけでは、「ある部品の製造不良が多いこと」や「営業が見込み客を商談まで持ち込めないこと」までは改善できません。そうした高レベルな改善については、トヨタでは、次の「問題解決の8ステップ」という手法で取り組みます。

①問題を明確にする
②現状を把握する
③目標を設定する
④真因を考え抜く
⑤対策を立案する
⑥対策を実行する
⑦効果を確認・評価する
⑧標準化して定着させる・横展開する

皆さんの職場の中で、同じような問題が繰り返し起きていても、「ああ、またか」と割り切って対応していることはないでしょうか。

5Sの項目で示したように、1回1回は小さな手間ですんでいるとしても、1カ月、1年で見れば非常に多くの時間を割いていることになります。同じような問題が繰り返し起きるのは、顕在化したことに表面的な対応をしているだけで、その根本を解決していないからです。

「問題解決の8ステップ」は、データを取って数値化することによって**現状を「視える**

化」し、問題を引き起こしている本当の原因（真因）をあぶり出し、同じ問題が二度と起きないように改善します。

トヨタでは、入社するとすぐに、この「問題解決の8ステップ」を徹底的に学びます。「取り組むべきテーマとして、それを選んだ理由は何か」「どうしてそれが問題の真因といえるのか」「具体的にどんな対策を取ればよいか」を論理的に示すことが求められ、勘や経験に頼って改善を始めてしまうことを避けることができます。

現場の問題解決は、会社方針の実現につながる重要な起点です。「問題解決の8ステップ」については『トヨタの問題解決』、5Sについては『トヨタの片づけ』（いずれもKADOKAWA）で詳しく解説していますので、ぜひご覧いただければと思います。

CHAPTER 4

活用術

LECTURE 6

ムダを「視える化」するコツ

ゴミ箱は問題発見の宝庫

トレーナーの中山が、指導先でまず確認するのは「ゴミ箱」だと言います。

「ゴミ箱に何が捨ててあるかで、その現場にどんな問題があるのかがわかるからです」

ある贈答品を主力に製造している工場でのこと。

お中元やお歳暮の注文が激増する時期の対応力強化のため、生産性の向上が喫緊の課題となっていました。はじめてその工場を訪れた中山は、責任者の話を聞きながら、さりげなくゴミ箱をのぞいてみました。すると、不良となった贈答品のほかに、破れた包装用紙が大量に捨てられていたのです。

贈答品であるがゆえに、包装用紙の小さなシワはもちろんのこと、包装用紙をくっつける糊のわずかなハミ出しも不良となってしまいます。その発生原因まではわかりませんが、**「どの工程にどんな問題を抱えているか」は、ゴミ箱からわかる**のです。

オフィスの場合、ゴミ箱は個人ごとに置かれていることが多く、プライバシーに関わるため、のぞいたりすればマネージャーとしての信用を失うことになると思いますが、たとえば、部署のシュレッダーから排出されたゴミの量を「ムダ」な作業の指標として捉えることはできます。

シュレッダーのゴミの量を減らせれば、「用紙代の削減」という原価低減のメリットが得られます。また、シュレッダーにかける時間を「何も生み出さないムダな時間」として捉えることもできます。

つまり、不要なプリントを減らせば、それだけで作業改善につながるのです。

さらに、会議の改善にもつながるでしょう。

始まってみるまで最終的な出席者数がわからない会議というのは、意外と多いものです。

参加人数がわからないと、多めに資料を印刷することになります。さらに、複数の資料を分担してつくっていたなら、各担当者が印刷した資料を出席者1人分にセットする作業も発生します。そして会議終了後に資料が余ったり、持ち帰られなかったりしたら、回収してシュレッダーにかけて廃棄しなければいけません。

こうした一連の「つくりすぎのムダ」「運搬のムダ」「動作のムダ」をなくすためには、開催前の準備も含めて会議のあり方が問われることになるのです。

シュレッダーされた用紙量を管理指標として日常管理し、作業改善を目指してみるのはいかがでしょうか。

一カ所に立つと見えてくるものがある

トヨタには、改善すべきムダを見つけることを目的に、**現場の1カ所に立ち続けて全体を観察する「定点観測」という手法**があります。

あるトレーナーは、トヨタで班長を務めていた頃、鈴村喜久男に指導を受けたことがありました。鈴村は、副社長だった大野耐一の懐刀といわれ、かんばん方式をはじめとするトヨタ生産方式の確立に貢献した人物です。

ある日のこと。鈴村が現場にやってくると、工場内を見渡せる場所にチョークで円を描き、「ここに立って現場を見てみろ。30分動くなよ」と言いました。

はじめは意味がわからなかったものの、しばらくすると、不思議なことに「あそこは人の動きが悪い」「あの人は動き回っているが、肝心な作業はしていない」などの問題が見えてきたそうです。「動いてしまうから見えない」ということに気づいたと言います。

じっと冷静に定点観測しているからこそ、見えてくるムダがあるのです。

デスクワーク中心のオフィスでも、定点観測していると、「あの人は何度もプリンターとの間を行き来している」など、必要性が疑わしい動きがきっと見えてくるはずです。

また、病院など、動線設計が重要な現場では、その効果はより顕著に現れるでしょう。

たとえば、「この理学療法士は、リハビリの道具をそろえてから患者さんを呼び出しに行っているため、患者さんが来るまで手待ちの時間がかかっている」とか、「カルテの提出場所が患者さんにわかりにくく、受付スタッフがたびたび作業を中断して案内している」などが明らかになります。

また、その様子をビデオに撮っておけば、従業員皆で動作のムダについて検討できます。

作業の実態を数字で示す

「ムダ」な作業はなくすことがゴールですが、「付随作業」はゼロにしてすむものではなく、効率化が重要となります。それには、**動作を細かく分け、一つひとつの工程にかかった時間を計測する「標準作業組合せ票」が役に立ちます。**

標準作業組合せ票は、製品が完成するまでにどのような工程があり、それぞれどれくらいの時間がかかっているのか、階段状に記録するものです。それをタクトタイム（製品1つを製造するのにかけてよい時間）と比較し、もしタクトタイムを超えていたら、この時間内に収めるための作業改善が必須になります。

なお、標準作業組合せ票には、各工程の作業時間に加えて、ある工程から次の工程に移るまでの歩行時間なども記録します。各工程の作業時間だけでなく、歩行距離も短くてすむように工程間のレイアウトを変えるなどのヒントも得られます。

この手法を積極的に活用した、デパ地下の販売店の実例があります。

その販売店は、毎日とにかく時間に追われている状態でした。そこで、自分たちの主作業である「接客時間を増やし、お客様の心をつかむこと」を活動テーマとしました。

はじめに取り組んだのは、付随作業にかかっている時間を調べるため、販売員全員が1日の行動を分刻みで記録することでした。

中でも、特に問題となっていたのは「注文商品の配送手配」です。そこで、まず標準作業組合せ票を使って79工程に分けて計測しました。たとえば、ベテラン販売員の中で、ある工程の作業はAさんが速かったとすると、どのような手順でこなしているのかを分析して標準化し、販売員全員がそのやり方を習得していきました。

これにより、**活動前は71分だった接客時間を、約5倍の356分まで増やせた**のです。

一連の動作として見ると特にムダはないように思っても、一つひとつの作業にまで工程を分解して時間計測すると、さまざまな問題が見えるようになります。

作業全体にかかった時間はBさんが一番速かったとしても、いくつかの工程でAさんのほうが速く、効率的な動作をしていた、というような事実がわかることもあります。

また、このように作業を数値化することは、メンバーに現状を客観的に把握してもらうと同時に、フラットな視点で改善を進めやすくします。

現場ではしばしば、本社の若手エリアマネージャーなどよりも現場を掌握しているベテ

「標準作業組合せ票」の例

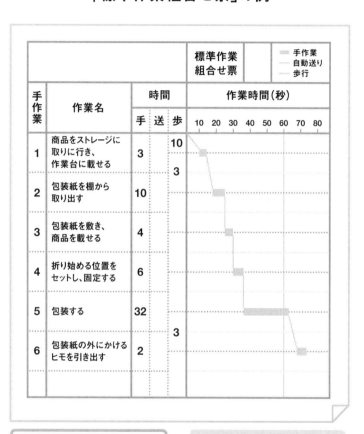

		標準作業組合せ票			
手作業	作業名	時間 手	時間 送	時間 歩	作業時間（秒）
1	商品をストレージに取りに行き、作業台に載せる	3		10	
2	包装紙を棚から取り出す	10		3	
3	包装紙を敷き、商品を載せる	4			
4	折り始める位置をセットし、固定する	6			
5	包装する	32			
6	包装紙の外にかけるヒモを引き出す	2		3	

包装完了まで「60秒以内」が目標の場合、13秒オーバーしている
→ どこの作業時間を短縮する？
↓
歩行しないですむように、商品や備品のレイアウトを変更する？

ランのパートタイマーがいて、大きな発言力を持っていることがあります。そして、長年つちかってきた自分のやり方にこだわりを持っている、悪く言えば、固執していることも多いのです。

しかし、きちんと数字で示せれば、ベテランのプライドと実績は尊重しつつ、「試しにやってみませんか」と、改善活動の中に誘い入れやすくなります。

もちろん、数値化は耳の痛い内容ばかりではなく、高い実力を客観的に示す機会となる場合も多いはずです。彼らが数値化を面白がるようになってくれればしめたもの。「今までのやり方に慣れているから」という論理よりも、「こうやったほうが速い、楽だ」といった実感のほうが重要になり、若い人たちからも意見が出やすくなってきます。

CHAPTER4 まとめ

- 非製造業の大きな問題は、「仕事が個人にひもづいている」こと。解決するには、メンバーのスキルの標準化と仕事量の平準化が必要。
- 非製造業の現場では、「時間内、期限内に仕事をやり遂げる」という意識に乏しいことが多い。解決するためには、メンバー自身が予定を決め、進捗（実績）を記入し、マネージャーがやり切れるように導いていく。
- オフィスの改善では、仕事を「主作業」「付随作業」「ムダ」の３つに分類し、付随作業の効率化とムダの排除を進め、主作業の時間を最大化する。
- 「７つのムダ」「５Ｓ」を活用すると、効率的に仕事を遂行する基礎ができる。そのうえで、「問題解決の８ステップ」を活用するとよい。現状を「視える化」して原因をあぶり出し、再発を防ぐことができる。

ついても説明します。さらに、本書の担当編集部で効果を上げた「オンライン日常管理板」も紹介。トレーナーの厳しい目でチェックし、より効果的なものにするためのアドバイスをお伝えします。

CHAPTER
1 トヨタの「日常管理板」が持つパワー

何がそんなにすごいのか？
その特長とは？

→ 28ページ

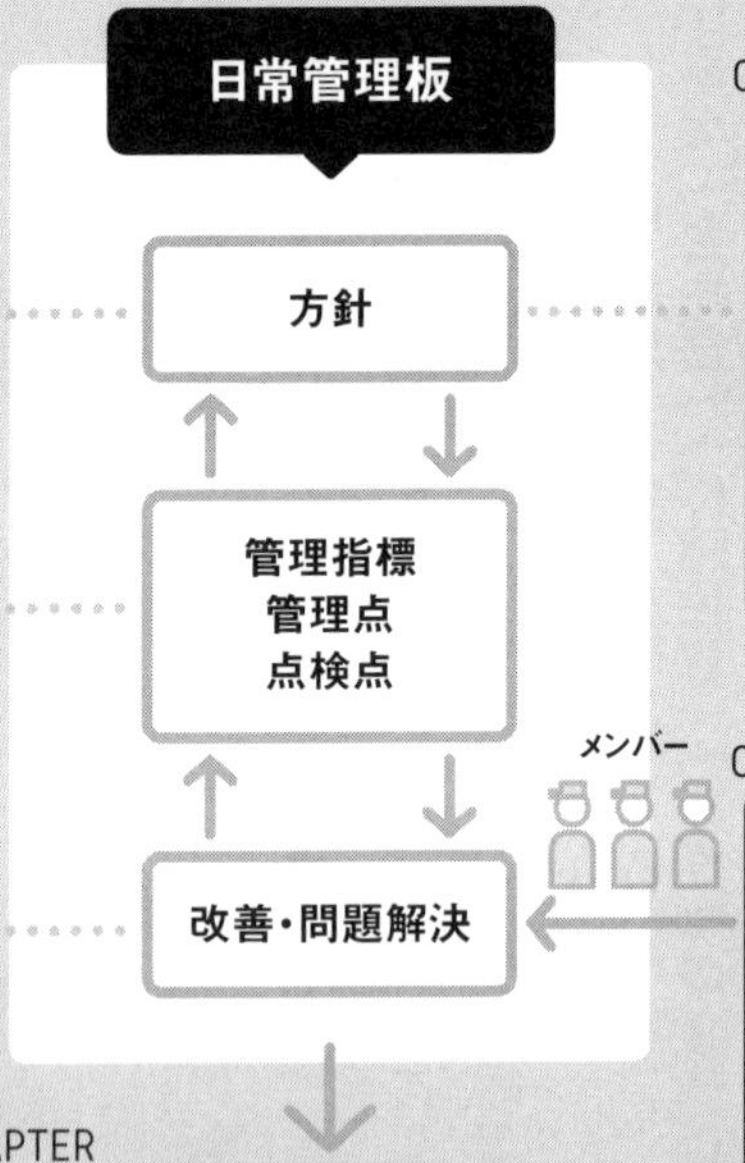

CHAPTER
6 〈応用編〉方針管理で差をつける

日常管理板で重要な
方針管理について、
トヨタの問題解決手法や
ノウハウとともに解説

→ 220ページ

CHAPTER
5 日常管理板の運用のコツ

日常管理板を現場でしっかり
運用させるために押さえたい
ポイントを解説

→ 170ページ

CHAPTER
2 職場が変わる！日常管理板の5つのメリット

日常管理板を運用すると、
何がどう変わるのか？
その具体的なメリットを紹介

→ 58ページ

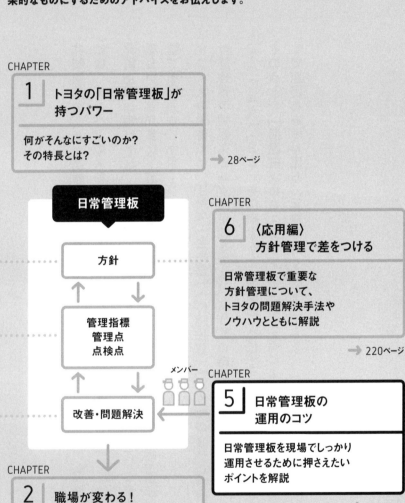

日常管理板を作成しても、使いこなせなければ意味がありません。そこで、ここでは、きちんと運用させるためにはどのようにメンバーに働きかけるとよいのか、ポイントを絞って解説します。また、「日常管理板は大きな紙・ボードにし、壁に張り出して運用したほうが望ましい」のはなぜなのかに

CHAPTER 5

日常管理板の運用のコツ

CHAPTER 5

運用

LECTURE 1

現場を巻き込んでやる気にさせるには？

マネージャーに問われる「現場統率力」

日常管理板は、つくれば自然と問題が解決し、管理指標が向上し、方針・目標が達成されるわけではありません。メンバーに日々、日常管理板に関与してもらってはじめて力を発揮します。現場を統率するマネジメントの力量が問われるところです。

ＯＪＴソリューションズは、日常管理について指導する際、マネジメントの重要ポイントとして次の4点を伝えています。

①現場の困りごとを聞いて実態を把握し、メンバーたちとの関係を強化する

②目標を達成するためにどんな管理指標（点検項目やグラフ）が必要か、職場全体

で検討し、設定する

③メンバーたちに納得感を持たせたうえで、点検およびグラフにプロットさせる

④メンバーたちに任せっぱなしにせず、常に関わりを持ち、日常管理のモチベーションを持続させる

トレーナーが指導先に入ったときにもよくあることですが、新しいことを始めようとすると、現場からは拒否反応が起こるものです。非常に強く抵抗されることも少なくありません。そんなときは、現場を統率していくリーダーシップが求められますが、ただ上から押さえつけてやらせよう、先頭に立って引っ張っていこうとしても、メンバーたちが納得していなければ、なかなか取り組んでもらえません。取り組んでもらえたとしても、「嫌々」な状態であれば、異動や多忙でリーダーの目が届かなくなると、その活動はあっという間に衰退してしまうでしょう。

CHAPTER1で示したとおり、「日常管理板は仕事を楽にするためのもの」です。このことが、メンバーたちに興味を持ってもらうきっかけになりますが、ここからはさらに現場を積極的にさせるために、トレーナーが実践しているコツを詳しく解説していきます。

CHAPTER 5

運用

LECTURE 2

目的を理解させ、効果を実感させる

どうしたら自主的に取り組むようになるのか

日常管理板を運用するために最も必要なこと。それは「『やらされ感の排除』だ」と、トレーナーの森川は言います。

「日常管理板で取り組むことについて、その目的と効果をしっかり伝えて理解してもらわなければいけません。しかし、それだけでは、『言っていることはわかるが、そこまでやる必要があるのか』という反応になりがちです。

そのために必要なのが『**効果の実感**』です。

現状を計測したデータの数字をもとに『視える化』し、適切な対策を実施して問題解決を繰り返す。それにともなって、管理指標が達成され、目標が達成されるという成功体験を積み重ねてもらいます。成果が上がることで、『面倒だ。嫌だ』という否定的な感情から脱し、前向きな気持ちで日常管理板を運用するようになります」

オフィスでいえば、たとえば、「毎日、業務日報を提出するように」と言われただけでは、メンバーは「日々の業務をこなすだけでも大変なのに、面倒くさい」としか思わないでしょう。

しかし、きちんと業務日報を記す意味や価値を理解していたらどうでしょうか。

業務日報に記入された内容を日々マネージャーがチェックすることで、事前にトラブルの予兆を察知し、フォローできること。

また、効率的な働き方を実践しているメンバーの時間の使い方を業務日報を通して共有したり、そこから見えてきたパターンを指標化したりして、職場全員の働き方改善やパフォーマンス向上につなげられること。

こうした利点について、過去の実例なども踏まえてしっかり説明し、納得してもらえるように努めることが第一歩です。

ただ、マネージャーがメリットとして伝えたことを、実際にメンバーに体験させなければば、その説明は嘘になってしまいます。

この例でいえば、メンバーが業務日報に書いてきたことに、マネージャーがきちんと関与して、トラブルの予兆を察知したり、フォローしたりする必要があるでしょう。

マネージャーは目的を言葉で伝えるだけではなく、具現化するために行動することが大切です。

CHAPTER 5

運用

LECTURE 3

言いたいことは聞き役に徹してから

まずは意見を聞いて取り入れる

さらにトレーナーの森川は、マネージャーからメンバーに**日常管理板の目的を腹落ちさせるのと同じくらい、「メンバーの言い分を聞くことが大切」**だと言います。

「日常管理の点検をさせようとしても、『時間がなくてできない』と言い訳してきたり、『誰々さんが言ったとおりにやらない』などと他人を批判したり、メンバーから文句や愚痴が発せられることもしばしばあります。しかし、そういうときに頭ごなしに否定せず、まずは思いを受け止めて聞く姿勢が必要です。

説得しようとする前に聞き役に徹し、メンバーときちんとコミュニケーションを取れる関係を強化してから、『なぜ、できないのか』と『なぜなぜ』を繰り返して、掘り下げていく。そこではじめてできない、やってくれない真因を突き止めることができ、『どうすればできるようになるのか』が見えてきます」

生産現場でも、改善活動を始めるときには現場にアンケートをとり、対策のアイデアを出してもらいます。その際に、**特に重視すべきなのは、新しく配属された社員や契約社員、アルバイトなどの声**です。

長くいると職場の様子が当たり前の風景になり、現状の何が問題なのか、なかなか気づけないものです。まだその現場に染まっていない人たちの目線から、意外な解決策が見つかることがあります。

「横串」でセクショナリズムを廃し、改善を推進する

「現場の意見を聞く」という考え方は、**「工程を5大管理項目で〝横串〟にする」**という形で、日常管理板の運用にも取り入れられています。

工程とは、たとえば自動車の製造部であれば、溶接課、部品課、組立課、塗装課、設備課などのセクションのことです。

5大管理項目で工程を「横串」にする

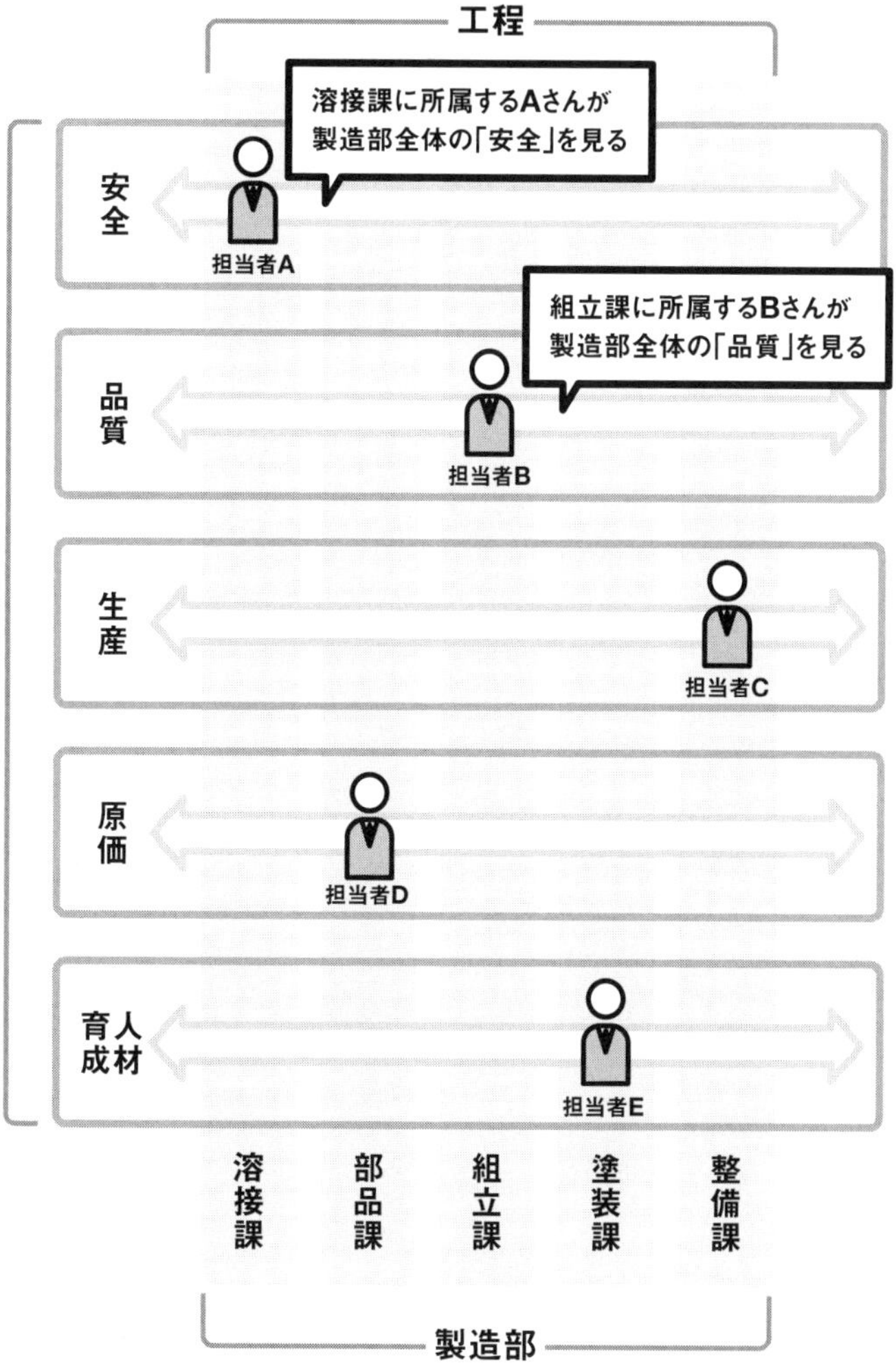

日常管理板では、基本的に5大管理を柱にしてそれぞれ方針を立て、その達成のために日常管理を実践していきます。たとえば、安全の担当になった者は、所属がどの課なのかにかかわらず、製造部全体の安全を見ます。これが「横串にする」という意味です。

そして、**担当者の管理項目に基づく指示は、工程より上位に位置づけられます**。そうでないと、何かを指摘しても「ウチの課はこれでやってきたから」という、まさにセクショナリズムではねのけられてしまうからです。

もし、安全の担当者が溶接課の所属だとしたら、「溶接課ではこういった場面では指差呼称がルール化されているが、塗装課ではされていない。ケガの危険があるのではないか」という気づきを得るかもしれません。

このようにして、課の外部の視線で「現状の当たり前」を疑い、考えさせるしくみをつくっていきます。

こうしてみると、トヨタには、「聞く」「考えさせる」ためのしくみがそこかしこにあることがわかります。日常管理板の定着においても、マネージャー側から目的を一方的に伝えるだけでなく、現場のメンバーの意見を聞きつつ、するべきことの意義を考えさせることが重要なのです。

CHAPTER 5

運用

LECTURE 4

役割を意識させると人は成長する

役割を意識すると、行動や視野が広がっていく

日常管理でいう「目的」とは、「これをすれば、こういうメリットが得られる」という、目の前の個別の効果を目指すだけのものではありません。

個別の問題解決の先にある「自分たちの部署や職場の役割は何か。業務として何をなすべきか」という、「役割」への問いにまでつながっています。

「役割をメンバーたちに常に強く意識させることが大事」と語るのは、トレーナーの濱崎です。

「自分たちの部署の役割は何か、言葉で提示されたものは、人によって受け取り方が違います。それが指し示す意味をメンバーたちに考えさせ、方向づけをしていくことが大切で

す。

それは何も、同じ方向を向かせるというだけではありません。

同一人物でも、役割を強く意識させながら経験を重ねていくと、役割への意識が成長していくのです」


たとえば、工場において、「設備保全部の役割は何か」と問われたら、新人であれば、「機械設備が安定的に稼働するよう常に整備し、トラブルが発生したら速やかに修理を行う」という答えが返ってくるでしょう。

しかし、それは設備保全部の役割をすべて言い切っているでしょうか。

この認識だけにのっとるならば、「異常を感知したら、設備をすぐ止める」という判断がなされます。これ自体は正しい判断ですが、もう一段上の視座から見ると、別の対応も考えられます。

設備保全部は製造機能の一部であり、製造機能全体が果たすべき役割とは「与えられた時間に、決められた生産数を達成すること」です。

もちろん、不良を出しては元も子もありませんが、生産ラインの担当者が「昼休みまで

人は役割を意識すると成長する

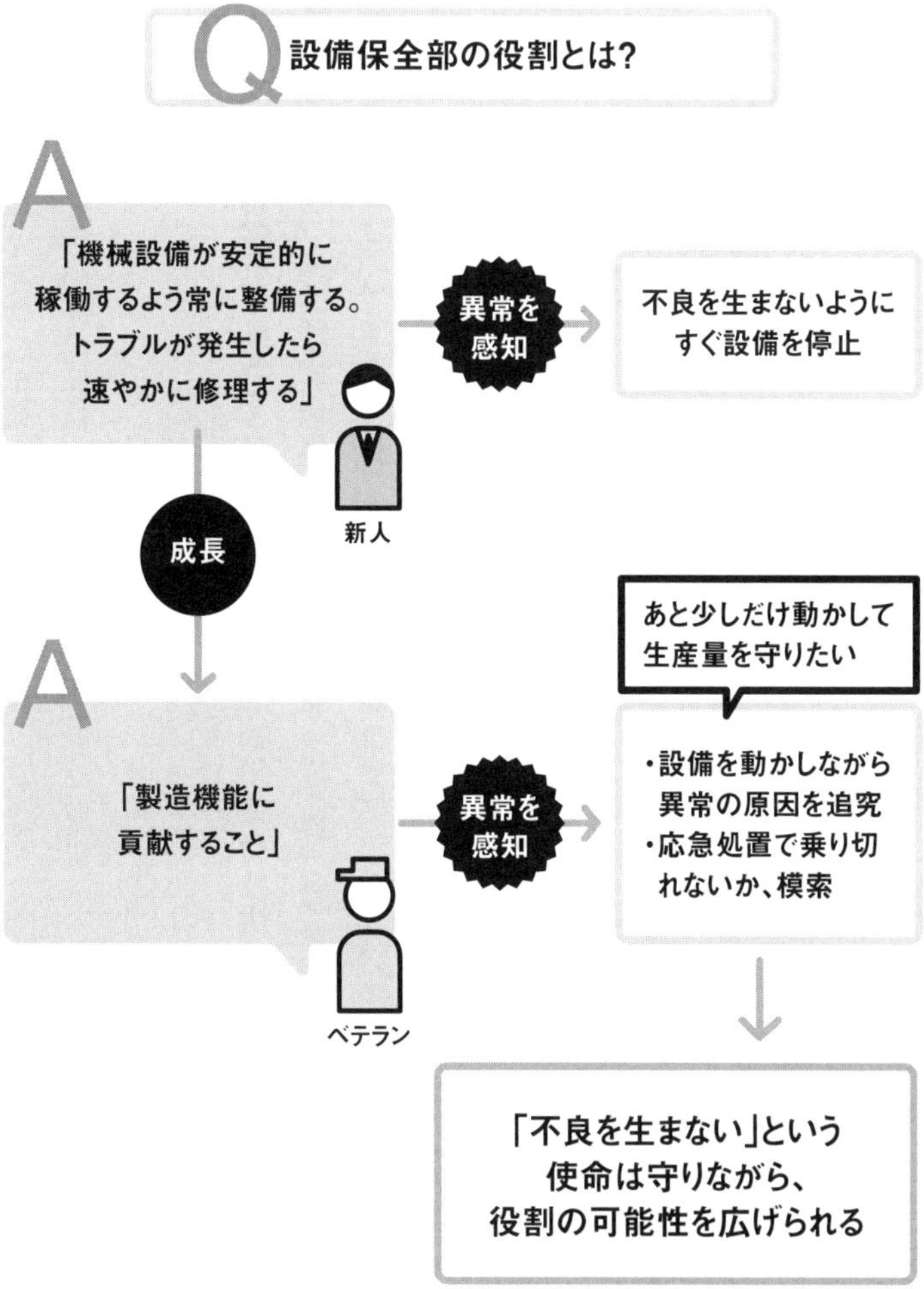

Q 設備保全部の役割とは?
A 「機械設備が安定的に稼働するよう常に整備する。トラブルが発生したら速やかに修理する」
新人
異常を感知
不良を生まないようにすぐ設備を停止
成長
A 「製造機能に貢献すること」
ベテラン
異常を感知
あと少しだけ動かして生産量を守りたい
・設備を動かしながら異常の原因を追究
・応急処置で乗り切れないか、模索
「不良を生まない」という使命は守りながら、役割の可能性を広げられる

の20分間、何とか動かし続けて生産ペースを守りたい」と考えているのであれば、設備を動かしながら、異常発生の原因を追究したり、応急処置で対応したりするという選択肢も生まれます。

つまり、**役割への認識が成長すると、目先の個別業務をやり切るというだけでなく、他工程に対する意識、製造機能全体に対する意識が生まれ、設備保全部の役割に対する理解が「製造機能へ貢献すること」と深まってきます。**

役割とは、メンバーの行動を狭めるものではなく、判断のための基準として存在しつつも、行動の範囲や視野を広げるものといえるのです。

CHAPTER

5

運用

LECTURE

5

まずはマネージャーが上位方針を深く理解する

方針が理解できていれば、判断のブレもなくなる

現場のメンバーが日常管理板を活用しながら、自主的に動くようにしていく。そのためには、まずマネージャー自身が上位方針について深く理解していることが必要だと語るのはトレーナーの大嶋です。大嶋はトヨタ時代、40年以上にわたって元町工場や堤工場で保守安全や改善業務などにあたってきました。

「『上からやれと言われたことをメンバーに伝えて、やらせればいいじゃないか』と言うマネージャーもいます。しかし、それでは、言われたことを右から左に流しているだけの仕事で終わってしまいます。

たとえば、経営層から『原価を下げてほしい』と言われたのであれば、その理由や意義

をきちんと考えたうえで、メンバーに伝えなければいけません。

その理由や意義がマネージャーをはじめ、現場に理解されていれば、ああしてみたい、こうしてみたい、もっとよくしようと、方針達成のためのアイデアがバリエーション豊かに生まれてくるはずなのです」

また、大嶋は「方針に対する意識、理解がないと、その時々の状況や、置かれた心理状態で判断がブレてしまうことがある。きちんと方針の背景が理解できていれば、現場での判断のブレもなくなります」とも指摘します。


この言葉は、あるトヨタ系ディーラーでのエピソードを思い出させます。

あるとき、その店舗に、タイヤをパンクさせてしまった人が駆け込んできました。これから遠方までどうしても出かけなければいけないが、これでは車を走らせ続けられない、タイヤ交換をお願いできないか、と言うのです。

しかし、その店舗では、交換用タイヤの在庫がたまたま切れてしまっていました。普通だったら「申し訳ございません。ただいま在庫がなく、交換いたしかねます」と丁重にお断りすることでしょう。

ところが、そのディーラー社員は、展示している新車に目をつけました。そして、なんと展示車のタイヤを外し始め、パンクした車のタイヤと交換したのです。

ドライバーは「そこまでやってくれるなんて」と感謝の言葉を残しつつ店舗を去っていきましたが、タイヤが外れた展示車は、その後にディーラーを訪れた来店客のいぶかしげな視線を集めることになりました。

来店客は口々に尋ねてその理由を知ると、対応を称賛してそのディーラーのファンになり、さらに口コミも広がって人気店となっていったそうです。

このディーラーでは、「お客様を最優先に考える」という方針がありましたが、その社員はまさにその方針に沿って対応したのでした。

一見すると突飛に見える判断も、方針の何たるか、その方針がなぜあるのかが理解され、その価値を大事にしたからこそ、こうした判断が行われ、結果的に成果となって返ってきたのです。

CHAPTER 5

運用

LECTURE 6

担当を決め、日常管理板で公表する

担当を決めるメリット

日常管理板では、方針や目標に対して「誰が」「いつまでに」「何をやる」を明確にします。

このように**担当を決めることは、「着実な点検業務の遂行」と「責任感の向上」、「人材育成」に役立つ**とトレーナーの廣は言います。

「1日の稼働時間の中で、行うべき点検項目の数は非常に多くあります。限られた人数ではやりきれないので、現場の皆で分担し、担当を決めて着実に点検する体制を整えます。その際、誰が何を担当しているか同僚たちにも明示されますから、ごまかしていい加減にやることができず、責任をもってやらざるを得なくなり、点検の抜けがなくなります。

なお、点検項目は重要度別に分けられるので、メンバーの技能や知識レベルに応じて担当が決まります。

これによって、『自分は同期に先駆けて、この業務の担当になった』『点検をとりまとめるリーダーになれた』など、メンバー同士の競争意識も働かせることができます。

つまり、**担当を決めることで、全体の『人材育成』とともに、マネージャーへの『抜擢』『選抜』も、日常管理板の運用の中で道筋をつくっていけるのです**」

日常管理板を張り出すメリット

オフィスの仕事の多くは、「今日やらなければいけない仕事」が明確に決まっていない分、ズルズルと進行しがちです。

たとえば、ある調査会社で、次のようなスケジュールを決めたとします。

①7月の第1週は、マーケターが市場分析を行う
②第2週は、所属部員がチームで文章や図版を用意し、報告書の構成を決める
③第3週は、契約社員たちがパワーポイントの資料にまとめる

このように、「誰が」「いつまでに」「何をやる」かを守るよう促すのは当然として、それをボードなどに記して皆が見えるところに張り出せば、全員がお互いに仕事の進行状況を確認できるようになります。

その際、各週の金曜日に「担当業務が終わりませんでした」ということにならないように、たとえば水曜日にマネージャーが進捗確認を入れるようにします。

もちろん、担当者の体面を傷つけかねないことは裏で行うべきですが、業務の進み具合や困っていることなど、担当者からの報告・連絡・相談、マネージャーからのアドバイスのやり取りをこのボードに残すようにします。

ボードは誰でも見られるので、「参考になる情報があそこにあったよ」と他のメンバーから教えてもらえるなど、**マネージャーと担当者以外の「知」も取り入れられます**。

また、初週のマーケターがどう仕事をしているのかが見えるので、将来そのポジションに行きたいと考えている所属部員は、マーケターの仕事の仕方を学ぶこともできます。

担当を決めるメリット

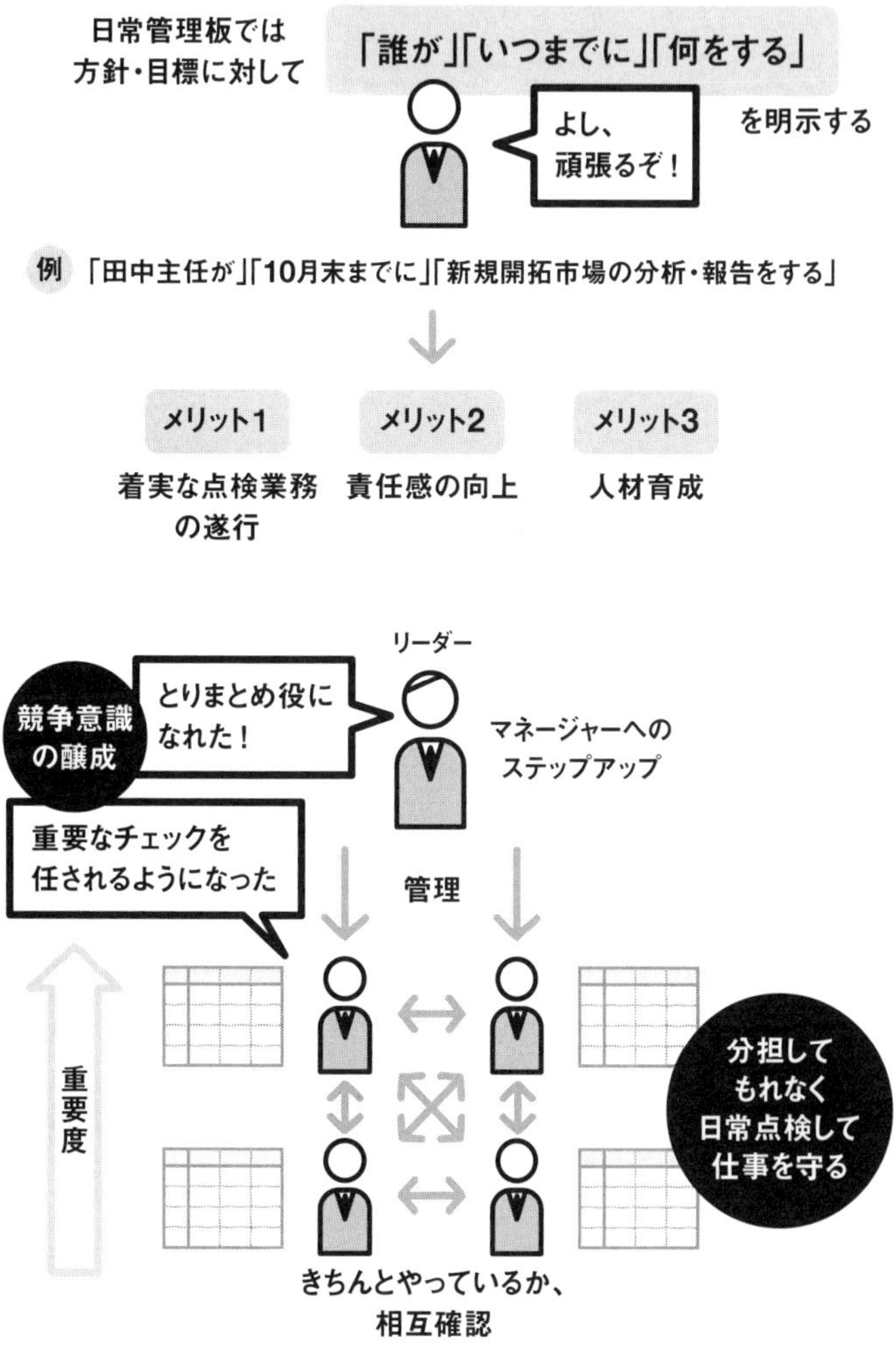
日常管理板では
方針・目標に対して
「誰が」「いつまでに」「何をする」
を明示する
よし、
頑張るぞ！
例 「田中主任が」「10月末までに」「新規開拓市場の分析・報告をする」
メリット1
着実な点検業務の遂行
メリット2
責任感の向上
メリット3
人材育成
リーダー
とりまとめ役になれた！
競争意識の醸成
マネージャーへのステップアップ
重要なチェックを任されるようになった
管理
重要度
分担してもれなく日常点検して仕事を守る
きちんとやっているか、相互確認

CHAPTER 5

運用

LECTURE 7

メンバーを伸ばす4つのアプローチ

見る・気づく・口に出してほめる

トヨタ時代は田原工場などで組立の現場ひとすじだったトレーナーの森川は、「メンバーの様子に継続的に注意を向けることが大切」と言います。

「人は誰しも『楽をしたい』という気持ちを持っているもの。メンバーも、『毎日チェックしているけれど、いつも異常なしだから、今日くらいチェックの手を抜いても大丈夫だろう……』と思ってしまうときがあるかもしれません。

それを防ぐには、実際にマネージャー自身も手を抜かず、メンバーが毎日チェックしているかどうかを確認することが必要です。

また、メンバーがつけてくれた点検項目から、異常の兆候をいち早く察知できれば、メンバーも「毎日きちんとチェックしておいてよかった」と思えるでしょう。

そして、「毎日チェックしているのは自分なのに、見落としてしまった」と反省することも自然に促してくれます。

また、人の中には『頑張ったらほめてほしい』という気持ちもあります。

毎日きちんと点検項目をつけてくれていれば、『粘り強くやっているね。ありがとう』と感謝を伝える、管理指標が向上しているのであれば、『よくなっているじゃないか。すごいね』とほめてあげることが大事です」


同じように、「日常管理を定着させるには、マネージャーの密な関与が大切」と語るのは、トレーナーの杢原幸昭《もくはらさちあき》です。杢原はトヨタ時代、国内だけでなく、イギリス工場で現地メンバーを育成した経験も持っています。

「日常管理を導入すると、メンバーが持つ第一印象は『監視されているみたいで、居心地が悪い』『成果がなかなか出ず、気まずいな』といったものです。

それがだんだん成果が出てくると、今度は『数値が改善してきたのを見てほしい』『成果を上げたことを認めてほしい』と変わってきます。

最初の定着の段階では粘り強く説得すること、成果を上げたときにはタイミングを逃さずにほめることが大切なんです」

「ほめる」と一緒に活用したい3つのアプローチ

ほめる指導法の重要さを認めつつ、「それだけではダメ」と語るのは、トヨタで2万人の幹事長を務め、多くの人材を育成したトレーナーの中山です。

「目標を達成したら、最後までやり切ったことを『ほめて伸ばす』ことを指導の中心にしますが、それだけではダメです。

自分たちの力で解決に向かわせるためには、さらに「叱る」、「任せる」、「競わせる」を上手に使い分けることがポイントです。決められたことをやっていなければ叱り、担当を決めたら責任を持たせて任せ、競わせることで『もっとよくしよう』という向上心を引き出します。メンバーたちの様子を常に観察して働きかけ、成長を促していくのです」

多くのトレーナーが口をそろえて言うように、日常管理板を定着させるうえで最も大切なのは、「メンバーの心の動きを察知してアクションする」こと。

「ほめる」に加えて、「叱る」、「任せる」、「競わせる」というアプローチを通してメンバーを成長させ、細やかにフォローしていくことが重要なのです。

CHAPTER 5

運用

LECTURE 8

トップの本気が現場を動かす

トップが動くとき、現場が変わる

「実は、トヨタでも日常管理板を浸透させるまでには時間がかかりました」と明かすのは、トレーナーの内田です。

「トヨタで日常管理板が始まったのは、2000年代に入ってからです。元町工場の機械部で始まった日常管理板の試みが成功したので、他部署へも広げようと、横展開が図られましたが、職場によって意識の差が大きく、なかなか浸透していきませんでした。

転機となったのは、生産調査部出身の沼毅《ぬまたけし》（現トヨタ紡績社長）が元町工場の総組立部長に就任したことです。生産調査部とは、各現場におもむいて改善活動を促進する、トヨタを象徴する部署です。そこでキャリアを積んできた部長が自ら先頭に立ち、現場への落とし込みを始めました。
班長以上200名を集めると、部長自身が前に出て部方針を直接説明し、本気で定着させたい取り組みなのだというメッセージを発信。また、部方針から課方針へきちんとブレークダウンできているか、課方針が達成に向けて進められているか、定期的に部長が確認していきました」

まさに、**「トップの本気」を見せたことで、部全体に日常管理板が一気に浸透した**のです。「日常管理板を使って、現場が自律的に問題を発見し、解決につなげていく状態」を目指すといっても、それは現場任せにしておいて実現されるようなものではありません。

あるトレーナーも「**ボトムアップは自然には生まれない。**工場長などのトップが現場に頻繁に出て、定着の種をまくマネジメントが必要」と指摘しています。

マネージャーは「執念」を持とう

まずは自分の職場だけで始めようという場合、このように経営層に積極的にリードしてもらうことは望めませんが、同じように「本気になること」は真似できます。

トレーナーの森川は、**マネージャーが日常管理に「執念」を持つ気概を内に宿しているかが重要**だと言います。「執念」とは、CHAPTER3でも紹介した、改善の鬼・大野耐一を評してしばしば使われる言葉です。大野は不良が一つ見つかれば、どんな小さなことでも真因を見つけ出すように現場に徹底させたといいます。

マネージャーが日常管理を現場に落とし込むときも、「絶対にメンバーにも職場にもプラスになる取り組みなのだ」という信念を持って臨むことが大切です。

小さなこともおろそかにせず、考えるプロセスを身につけさせ、成功体験を積ませる。それが経営層の目にも止まってほめてもらえれば、メンバー本人もうれしいし、マネージャー自身も上司として誇らしくなる。

このサイクルをつくることが、日常管理板の運用の要となります。

CHAPTER 5

運用

LECTURE 9

アナログ作業が「考える力」を養う

手で書き入れることに意味がある

トヨタは、「手を使う」という、アナログな部分をとても大切にしています。

手を使って考えることで、知恵、創意工夫、思考力が鍛えられると考えているからです。

日常管理板でも、管理指標として取った数値データをグラフにするときは、手で書いています。


一つの例を紹介します。

トヨタには、日常管理板とは別に、多くの製造現場で取り入れられている「生産管理板」というものがあります。

生産管理板

ルール　数値は担当が計測し、手で書き入れる

○月○日

○○課

生産管理板

時間	予定	実績	差異	備考
8:00〜9:00	50	50	0	
9:00〜10:00	50	48	-2	新人指導のため
10:00〜11:00	50	41	-9	○○の動作不良のため
11:00〜12:00	40	40	0	
12:00〜13:00	10			

達成できなかった理由などを書く

生産予定数

実際に達成した数

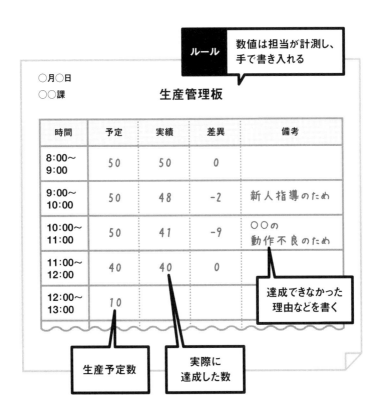

生産管理板とは、「今日1日で○個、生産する」という目標があるとしたら、1時間ごとに目標の生産数を設定し、そのとおり生産できているかをチェックし、手で数値を書き入れるものです。

実は、今は1時間ごとに生産数を自動で計測、記録、集計するシステムがあります。これだけ聞くと、現場の従業員が1時間ごとに生産数を確認しに行き、またわざわざ管理板のあるところまで歩いていって手書きする手間を省いてくれるもの、効率化に役立つもののように見えます。

しかし、あえてそうしたシステムを使わず、「毎時間書くという行為が、生産を守るために重要な役割を果たしている」と、OJTソリューションズのスタッフ、野々山織絵は指摘します。

「先日、トヨタの本社工場を見学したときのこと。現場の方に『仕事に集中していたら、生産管理板に記録するのを忘れませんか』と尋ねました。実際、私たちが指導している現場では、つい忘れられてしまうことがよくあるのです。

しかし、返ってきた答えは『決して忘れません』でした。

理由を尋ねると、『機械を停止させずに生産計画どおり達成したいから、毎時間気になってしかたないからです』と言うのです」

担当者が実際に生産数を目視して確認し、生産管理板に書き込むということは、「その担当者の責任で生産が管理されている」ということです。

もし、代わりにシステムが管理してくれるとしたら、「一時間ごとに電光掲示板で生産数を表示するから、目視して確認するように」と言われていても、記録の義務がなくなった現場ではわざわざ毎時間確認しなくなるかもしれません。

「担当者が毎時間記録する」というプロセスがあるから、現場の正常／異常に常に注意を払い、達成できなかったときには、すぐになぜだろうと考え、設備の様子を見回るのです。

アナログ作業が「変化に気づく目」を養う

手作業で生産管理板を記入していると、199ページの図にあるように、9時から10時は「現場にはじめて入った新人に説明するため、少々遅れが発生した」、10時から11時は「急激に生産数が下がった。すぐに調べてみると、『○○の箇所が少し動作不良を起こしていた』」などと把握できます。

もし、動作不良が一時的なもので、自然に直ってしまっていたら、その箇所に不安因子があることに気づけませんし、見逃し続けていると、ある日突然、まったく動かなくなるかもしれません。

このように、トラブルを未然に防ぐ力、改善する力も弱くなってしまいます。「トラブルを目の前にしたとき、『何が悪いのか』『どう対策を立てたらいいのか』、アイデアがわきにくくなってしまうのです」(野々山)

書くから関与する。生産を守ろうという意識づけがされる。

ただどこかに掲示されているだけだったら、その前をいくらでも素通りできてしまいます。

アナログ作業が変化に気づく目を養い、自然と解決策に頭をひねり、目標を達成しようという意識を高めるのです。

オフィスワークでも同じことです。

メンバーが日々仕事のプロセスをどのように達成しているかを、メンバー自身で振

り返れるようにすることが、仕事の質を高めていくうえで大切です。

手書きにすると皆で考える姿勢が生まれる

前述したように、日常管理板では、管理指標としてとった数値データを手書きでグラフに表しますが、これもアナログによるメリットがあります。

業務システムやパソコンのソフトなどに、管理指標の数値を入力して管理し、グラフに自動的に描画されるようにすれば、別の視点から集計し直してグラフ化したい場合なども考慮すると、便利ではあります。

しかし、トヨタの日常管理板では、「現状をわかりやすく示すグラフにするには、どう表現したらよいか」を現場のメンバー全員で考えることを大切にしています。アイデア時点ではよいと思っても、よいグラフになるとは限らず、形になるまで試行錯誤がともないます。**システムやソフトでの管理一辺倒にすると、はじめはみんなで考えても、最終的に扱いに慣れた人任せになってしまいがち**です。

また、改善の結果が出て数値がよくなれば、どんどん別の管理項目を追加したり、切り替えたりする必要が出てきますが、システムやソフトで管理していると、その改修に時間と手間がかかってしまいます。

また何より、**毎日「数値を書き込む」「グラフにプロットする」という手作業がないと、データへの関心が下がり、新しい見方をつかむなどの〝考える力〟が、現場に蓄積されません**。

また、手書きの紙・ボードだからこそ、メンバーが簡単な図を書いて貼りつけて報告や相談をしてきたり、マネージャーが何か伝えたいことがあれば、余白を見つけて一言メッセージを書けたりします。テンポよく細かなコミュニケーションを重ねることで、現場のモチベーションは上がっていくのです。

こうした手軽さやタイムリーさもメリットといえるでしょう。

CHAPTER
5

運用

LECTURE
10

なぜ日常管理板は壁に大きく張り出すのか？

デジタルでは絶対に得られないメリット

日常管理板は、できれば全体を模造紙数枚分くらいの大判サイズで制作して、壁に張り出しましょう。

理由の一つ目は、CHAPTER2でも示したとおり、「他部署などへの横展開が促せる」からです。

二つ目は、この理由がより重要なのですが、システムやソフトでデータ管理した場合と比べて、はるかに全体像が見わたせることです。

パソコンのモニター上では、集計したグラフや図は一度に2、3点くらいしか表示できません。

一方、壁に張り出せば管理指標のデータやグラフがすべて一望できるうえ、**「横軸」「縦軸」の両方で職場がよくなっていることが実感できます**。これが大きなメリットなのです。

横軸は、CHAPTER1の日常管理板のモデル図（35ページ）が示すとおり、「5大管理」のことです。CHAPTER3でお伝えしたとおり、5大管理はつながり合って解決されていきます。たとえば、品質の改善が一つ好転していくと、生産、原価……と次第に好影響が波及していくのです。日常管理板を見ると、その様子がよくわかり、従業員の間に効果の実感や達成感、今後も続ける納得感が広がっていきます。

また、縦軸は、方針から管理指標、現場の改善・問題解決に至るまでの流れを表しています。「方針に対して、自分たちが何を目指して日々動くべきなのか」を常に意識できることも、大きな紙で見せるメリットといえるでしょう。

個人もチームも成長させる刺激剤になる

トヨタではよく**「2つ上の目線で見なさい」**といわれます。

たとえば、班長なら1つ上の組長ではなく、2つ上の工長の目線で見る、組長であれば1つ上の工長ではなく、2つ上の課長の目線で見るのです。

課方針、部方針など、職場の最終的な方針をてっぺんに掲げている日常管理板は、まさにそれを体現したものになっています。パソコンのモニターではスクロールしないと見えないかもしれませんが、大判の紙で張り出されていれば一目瞭然で、遠くからでも意識せざるを得ません。

もう一つ、日常管理板を壁に大きく張り出したほうがよい理由として見逃せないのは、**「コミュニケーションの場づくり」になる**ことです。

ボードがあるから、皆、立ち止まって見る。一人が見ていると、別の誰かが近づいていき、自然とコミュニケーションが生まれる。これは、パソコンでデータ管理している場合には、なかなか起きにくいことです。パソコン作業では、日常管理のデータを入力したり分析したりしているのか、別の仕事をしているのか、傍目からはわからないからです。

日常管理板の前でデータを見ながら悩んでいると、上司や同僚が声をかけ、問題解決のヒントを与えてくれることもあります。その場に居合わさなくても、問題を日常管理板に記しておけば、アイデアを持つ人が反応してくれることもあります。

そして、こうしたコミュニケーションの繰り返しが問題解決の取り組み方を身につけさせ、よりよい仕事を自ら追求していける人材育成につながっていくのです。

CHAPTER 5

運用

LECTURE 11

日常管理板はホワイトボードでもできる

「資料」ならぬ「死料」を生み出さない

会社の環境によっては、日常管理板を壁に張れない場合もあると思います。そんなときは、ホワイトボードを使いましょう。

ホワイトボードはあまり大きなサイズにはできませんが、**どこにでも移動できるのがメリット**です。トヨタでも、会議や朝礼など、人が集まるところにホワイトボードを持っていって話をするなどして活用されています。

そのほかにも、ホワイトボードを使う利点があります。

会議で出席者一人ひとりに資料を用意しようとすると、資料作成の時間も用紙代もかかります。プリントして束ねる手間も発生します。

そして、せっかくつくった資料も、参加者によっては会議中に軽く目を通しただけで、即シュレッダーにかけられてしまう……ということもあります。こうした資料をトヨタでは「死料」「紙料」と呼んでいます。


ホワイトボードに展開している日常管理板には、今職場全体で取り組んでいる重点テーマのデータが集積されています。

そこで扱っていることに関しては、ホワイトボードを会議出席者の目の前に持っていって話せば、ムダな資料を用意する必要はありません。

また、ホワイトボードの前に集まる場合は、必然的に立ったまま議論をするので、会議が短時間で終わるというメリットもあるのです。

実践!

編集部がトライした「オンライン日常管理板」をチェック!

テレワークが進んでいる企業では、日常管理板を壁に張り出したり、ホワイトボードを使ったりということが現実的でなくなっているかもしれません。

実は、本書を手がけた編集部もそうした職場の一つ。担当のY編集長は、トレーナーたちへの取材に同行する中で日常管理板に強く魅力を感じ、部員のマネジメントに活用し始めたそうです。

実際に大きな効果を上げていると聞き、テレワークが進んでいる企業でどのように運用されているのか、逆取材しました。

編集長Y氏の話

書籍の出版の仕事は、基本的に次のような流れになっています。

(1)**編集長** 過去の実績や会社方針などに基づき、売上計画を立てる

⇐

(2)**編集者** 世の中のニーズを読み、出版企画を立てる

⇐

(3)**編集者** 著者候補者を選定し打診。了承を得たのちに企画を具体化させる

⇐

(4)**編集長** 上司や部下の編集者と相談し、売上目標に貢献できる出版企画を選定。出版企画ごとの売上目標、発行日などを決める

⇐

(5)**編集者** 著者やデザイナー、イラストレーター、写真家、校正者、印刷会社などを選定して発注する

⇐

(6)**編集者** ①取材、②執筆、③編集、④書籍デザイン、イラスト制作、写真撮影、⑤文字校正、⑥印刷・製本、⑦配本までのスケジュールを立て、進行する

私たちの仕事は、企画を立てる編集者をはじめ、著者やデザイナーなど、クリエイティブな人々の集まりなので、基本的には個人個人の仕事のやり方を尊重しています。しかし、締切り直前になって進行が守れないことが明らかになり、その結果、年度の目標売上が達成できなくなるという事態がたびたび発生していました。

そこで、週1回、編集長と編集者との間でコミュニケーションを取る機会をつくり、日々の進捗状況を管理するようにしました。

新型コロナウイルスの影響でテレワークが話題になる前から、編集者は取材や打ち合わせで外出しがちで、直行・直帰も多かったので、Ｇｏｏｇｌｅドキュメントのスプレッドシートをチーム全体で共有することにし、私なりの日常管理板を始めました。

Ｇｏｏｇｌｅドキュメントのスプレッドシートとは、簡単にいえば、Ｇｏｏｇｌｅが提供しているオンライン上の表計算アプリケーションです。許可された人だけがファイルにアクセスでき、リアルタイムで共有、同時書き換えができます。

この私なりの日常管理板をつくるうえで配慮したのは、編集者が記入する項目をできるだけ少なくしたことでした。日常管理に負担なく取り組んでもらえるように、管理項目を①期日、②売上管理、③外部スタッフの陣容、④コメントの4つに絞り込みました。

管理項目別のポイントは次のとおりです。

①期日　管理するのは、書籍の完成日と発売日の2つだけに絞りました。

②売上管理　編集者には、「ただ企画として面白いだけではなく、利益につながるものを」ということを常に意識させています。そのため、発売前の「売上予測」と「3カ月後の実売結果」を編集者自身に入力させ、振り返りをさせるようにしました。

このように、売上が常に把握できているので、売れ行きが思わしくなければ、次年度に予定していた人気シリーズを今年度に前倒しするなどの対応が早めにでき、期末に売上目標に届かないことがわかってあわてるということもなくなりました。

③外部スタッフの陣容　編集者は、頼みやすい人、無理がききやすい人、自分と相性がいい人をメンバーに加えがちです。しかし、実際には、その企画には合っていないと思われる人がスタッフに入っていることもたびたびありました。

企画内容と外部スタッフとのマッチングは、商品の完成度や売れ行きを左右するので、編集者だけの判断に任せず、編集長の私からのチェックを早めに入れられるようにしました。

④コメント　この欄にはお互いに注意しておきたい点を記入するようにしましたが、特にメリットを感じたのは「記憶に頼らなくてすむこと」です。

たとえば、「新規の外注スタッフとの契約書類のやり取りは最後まですんでいるか」などは、私も編集者も忘れてしまい、過去のメールを掘り起こして確認することもしばしばだったのです。

大事であっても、「後回しにできるもの」はどうしても先延ばしにしがちですが、コメント欄に残して、しっかり管理するようにしました。

また、**日常管理板を導入して一番よかったと思えたのは、「自分がマネージャーとして何を重視しているか、というメッセージを編集者たちに表明できたこと」**です。

①期日、②売上管理、③外部スタッフの陣容、④コメントの4つだけあれば、私が編集長としてなすべき「編集部全体の管理」には十分です。

そして、管理する項目を明確にすると、編集者たちが高評価を得ようと細かくつくり込みがちだった企画書の内容が適切になるという現象も起きました。おかげで企画提案数が増え、3年先まで書籍化が決まった企画を持つ編集者も現れるようになりました。

このように、たとえオンラインでも、管理する項目は少なくても、有効に運用でき、非常に大きな効果が得られることを実感しています。

オンライン　日常管理板

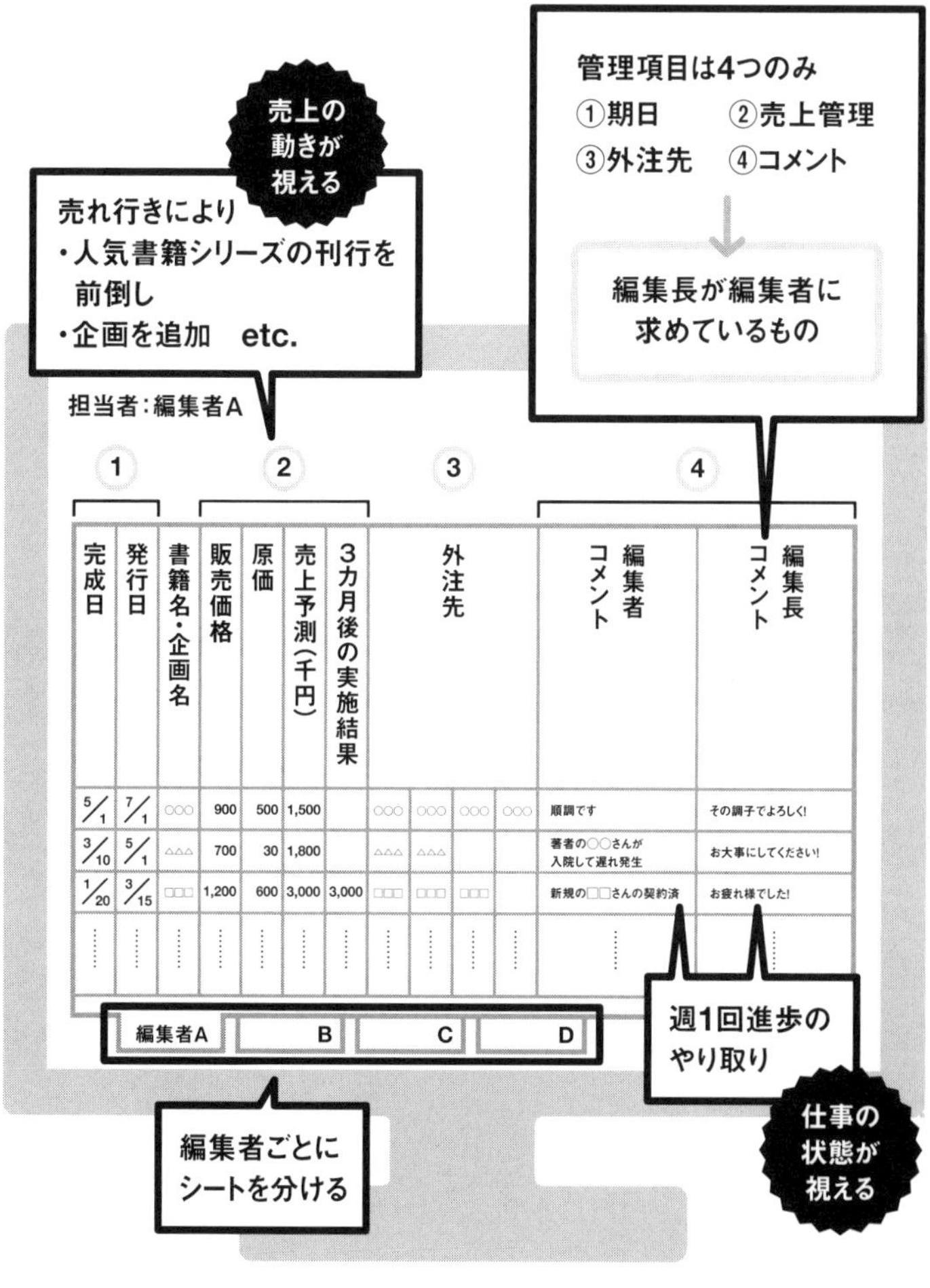

完成日	発行日	書籍名・企画名	販売価格	原価	売上予測（千円）	3カ月後の実施結果	外注先				編集者コメント	編集長コメント
5/1	7/1	○○○	900	500	1,500		○○○	○○○	○○○	○○○	順調です	その調子でよろしく!
3/10	5/1	△△△	700	30	1,800		△△△	△△△			著者の○○さんが入院して遅れ発生	お大事にしてください!
1/20	3/15	□□□	1,200	600	3,000	3,000	□□□	□□□	□□□		新規の□□さんの契約済	お疲れ様でした!
⋮	⋮	⋮	⋮	⋮	⋮	⋮	⋮	⋮	⋮	⋮	⋮	⋮

トレーナーのチェック＆アドバイス

ご自身の管理目的を明確に理解し、そのために必要な項目に絞り込んで大きな成果を得ているのは、非常に素晴らしいですね。すぐに役に立てられそうなポイントだけを選んで日常管理板の運用をスタートするのは、よい考えです。

今後はさらに次のようなところを改善すると、よりよい日常管理板に発展させていけると思います。

【ポイント1】予定と結果を対比させる

今のところ、①期日と②売上管理については「結果」のみを記載しています。日常管理板のポイントは、「最初に立てた予定」と「業務として動き出したあとの実績」を記録し、対比させることにあります。

①取材～⑦配本までの書籍制作全体のスケジュール、すなわち予定を「正常」として掲示してみてください。

それに対し、実際にどれくらい遅れたのか、実績を「異常」として記録し、その遅れをどうカバーしていくかを検討できるようにします。

売上管理については、「売上予測」と「3カ月後の実売結果」で、予定と実績を対比しているのはよいですが、加えて「販売価格」と「原価」も対比するようにしましょう。

実際に企画を進めてみると、予定していたページ数やイラスト点数を増やさなければならなかったり、制作期間中に印刷用紙が高騰して原価が上昇したりすることもあると思います。その結果、販売価格を据え置いて利益を下げるか、利益を確保して販売価格を上げるかなど、実績に基づく判断も記録し、対比できるようにしておくとよいでしょう。


【ポイント2】スケジュールを「視える化」する

①取材〜⑦配本の予定と実績について、単なる日付ではなく、218ページの図のように、各期間をビジュアル的に示すとよいでしょう。予定どおり（＝正常）か、遅れている（＝異常）かがわかりやすくなります。

「オンライン日常管理板」の改良アドバイス

ポイント 1　予定と結果を対比させる

● 売上管理

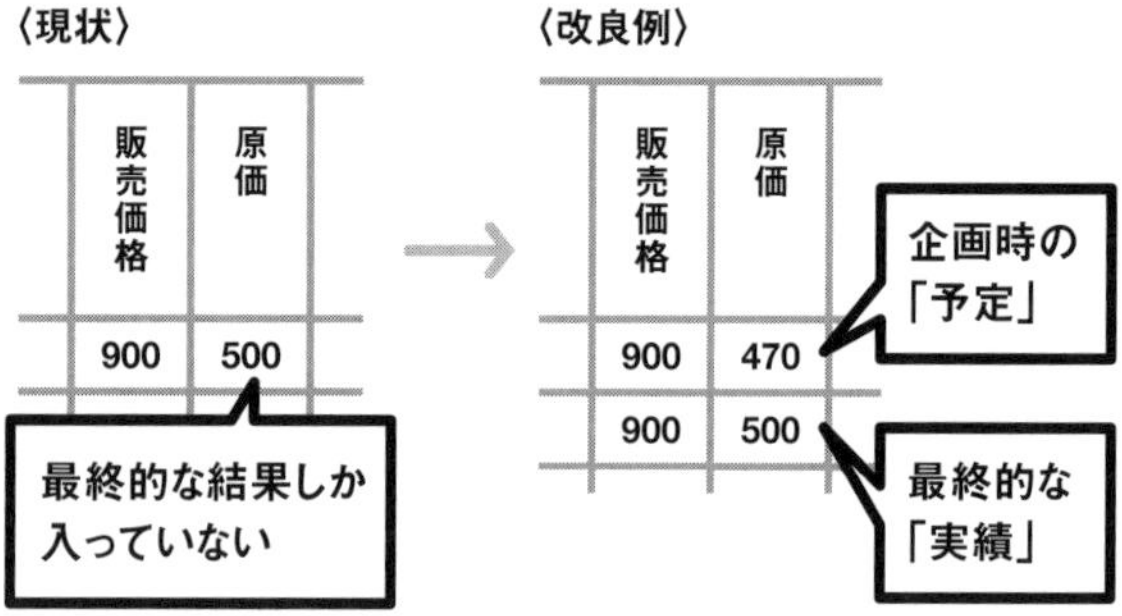

ポイント 2　スケジュールを「視える化」する

● 期日

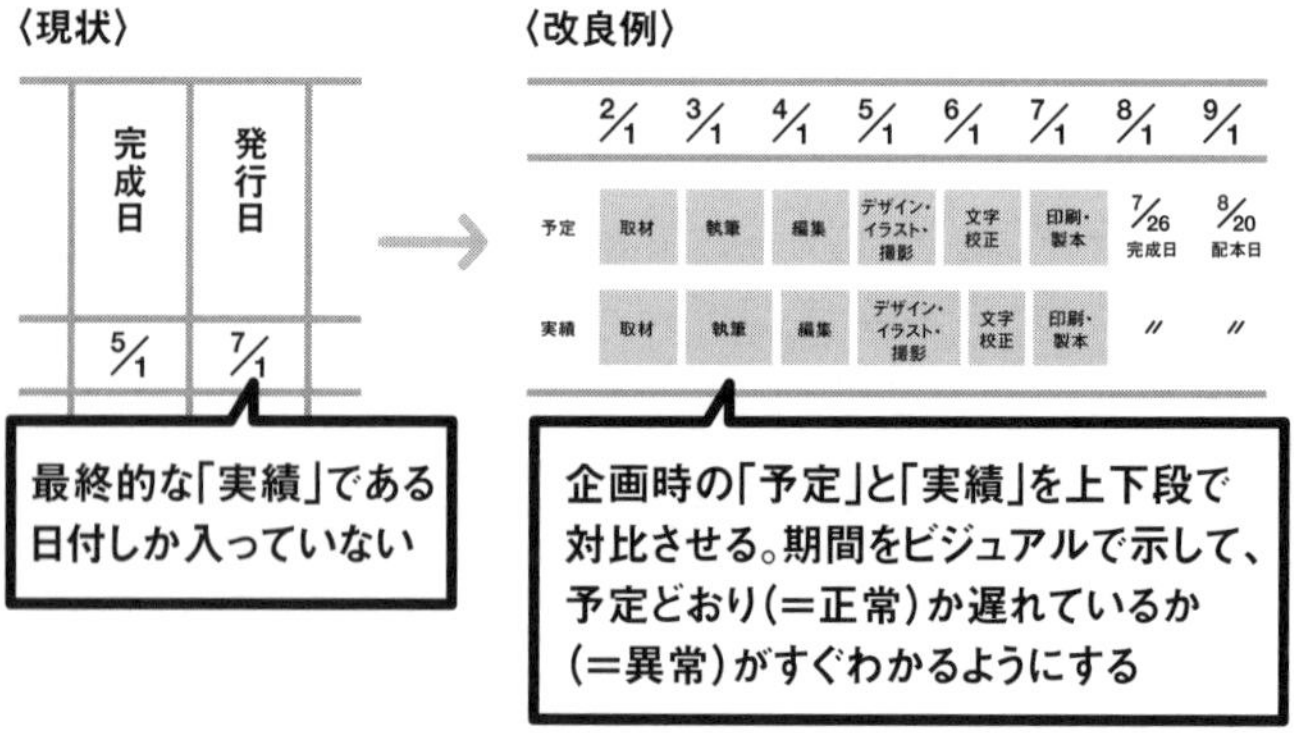

CHAPTER5 まとめ

- マネージャーは日々、メンバーとの関係強化を図り、日常管理板の意味や価値を理解させ、納得感をもって仕事に向かわせる。また、メンバーに、問題解決すると管理指標が上がるなど日常管理の効果を実感させ、それによってモチベーションの持続を図る。
- 日常管理では「誰が」「いつまでに」「何を達成する」を明確にし、仕事の質を守ることに責任感を持たせる。競争意識を育み、人材を育成する。
- 「ほめる」「叱る」「任せる」「競わせる」を使い分けてメンバーを成長させる。
- 日常管理板は壁に張り出すとよい。①他部署への横展開を促進する、②成果が実感できる、③「コミュニケーションの場」となり、よりよい仕事を追求する人材が育つ、といったメリットが期待できる。
- 日常管理板は、手で書き込むことで創意工夫する力や思考力が鍛えられる。

明します。最後に、方針管理と日常管理の2つを使って、どのように職場をマネジメントしていくべきなのか、マネージャーが現場を統率するために必要な条件やノウハウも紹介します。

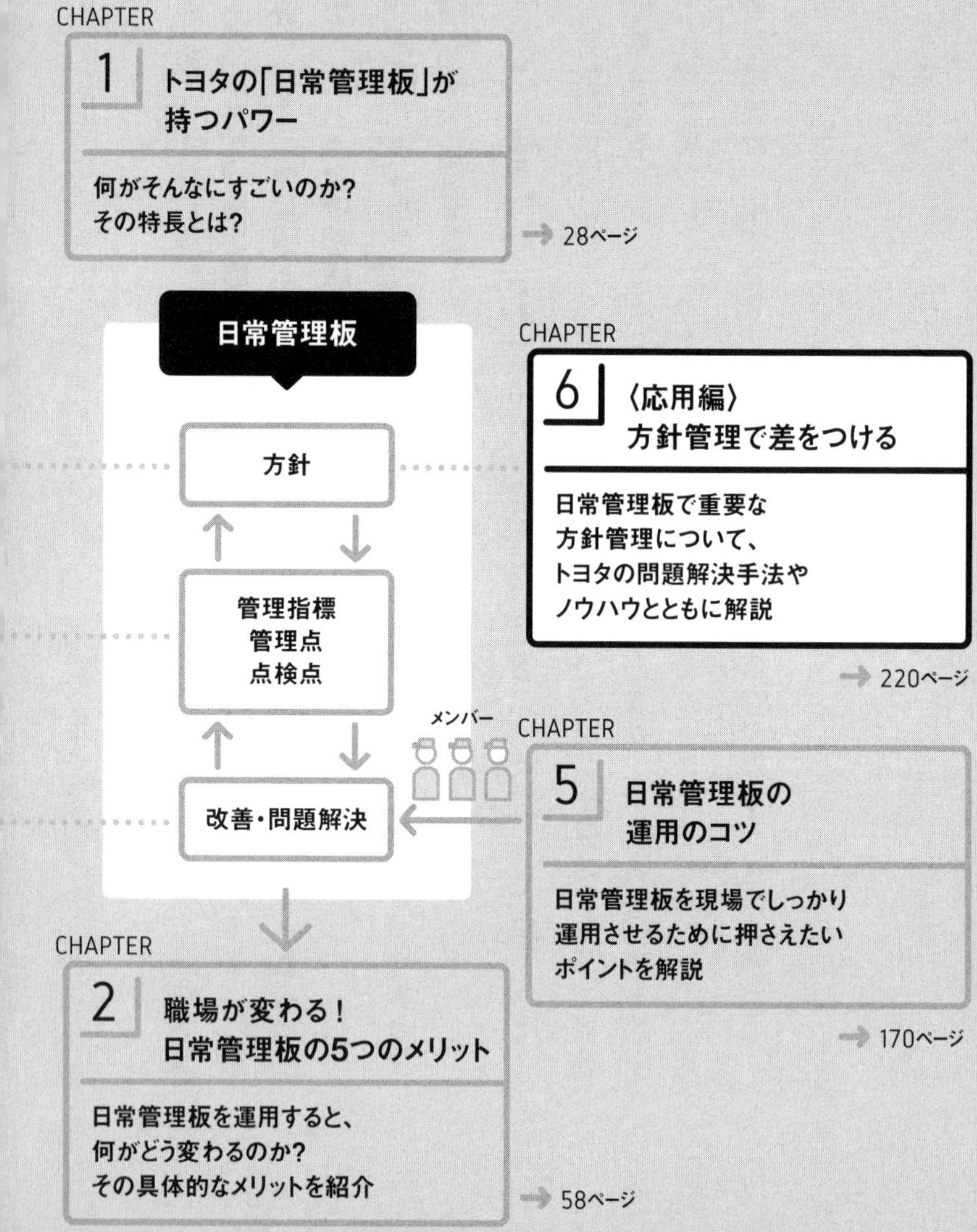

CHAPTER3で職場方針・目標の決め方を取り上げましたが、ここではより詳しく、上位の会社方針と現場の実態から、職場方針や管理指標をどのように設定したらよいかを解説します。また方針管理について、より理解が深まるように、トヨタの問題解決手法と対比させて関連づけながら説

CHAPTER 6 〈応用編〉方針管理で差をつける

CHAPTER 3 成果を出す！日常管理板のつくり方

最適な職場方針・目標の決め方とは？
成果を生む「管理指標」のつくり方とは？

→ 86ページ

CHAPTER 4 「改善」が進む！トヨタの日常管理術

「7つのムダ」や「問題解決の8ステップ」を活用し、日常管理板を最大限に生かそう

→ 126ページ

CHAPTER 6

方針管理

LECTURE 1

トヨタの「3つの問題解決」で課題を見つける

「3つの問題解決」とは?

トヨタでは、問題解決の取り組み方を3つに分けています。

①発生型問題解決
②設定型問題解決
③ビジョン指向型問題解決

この「3つの問題解決」とあわせ考えると、日常管理板の方針とはどういうものか、よりよく理解することができます。

なお、「3つの問題解決」については、『トヨタ 仕事の基本大全』『トヨタの問題解決』（以上、KADOKAWA）でも取り上げています。あわせて参考にしていただけたらと思います。

「問題」とは何か

まず、「問題」とは何でしょうか。

トヨタでは、**問題とは「あるべき姿」と「現状」にギャップがある状態**と定義しています。

「あるべき姿」とは、一言でいえば、その職場が目指している理想的な状態のこと。「あるべき姿」と「現状」のギャップが、解決されるべき「問題」となります。

それは、ぼんやりと「こうだったらいいな」という「ありたい姿」ではありません。**「あるべき姿」は、達成すべき目標値や基準といった具体的な形に設定し、現状をそこへ近づけていきます。**

ただ、どのような姿を目指すのかは職場ごとに、さらには、その職場内の立場によっても違ってきます。「とにかく日々の仕事がスムーズに流れるように、現場がまとまることが理想」と考えるマネージャーもいれば、「マネージャー同士がそれぞれの現場の情報をもっと共有し、連携し合う体制を整えることこそ大切」と考えているチーフマネージャーやスーパーバイザー的な立場の人もいるでしょう。

「あるべき姿」の描き方は、視点の高さや視野の広さによってさまざまですが、いずれにしても、問題の根本的な原因（真因）を突き止め、対策を実施して「あるべき姿」に近づけ、定着させていくということが、すべての問題解決に共通する考え方です。

①発生型問題解決

これは、すでに顕在化している問題を解決することです。

たとえば、

「人員が最適に配置されていない」

「書類のミスが多く、やり直しが多く発生している」

「お客様からのクレーム処理に想定以上の時間を割かれている」

などへの対応となります。

ただし、人はすでに発生している問題を、常に認識できているとは限りません。当事者

「問題解決」とは?

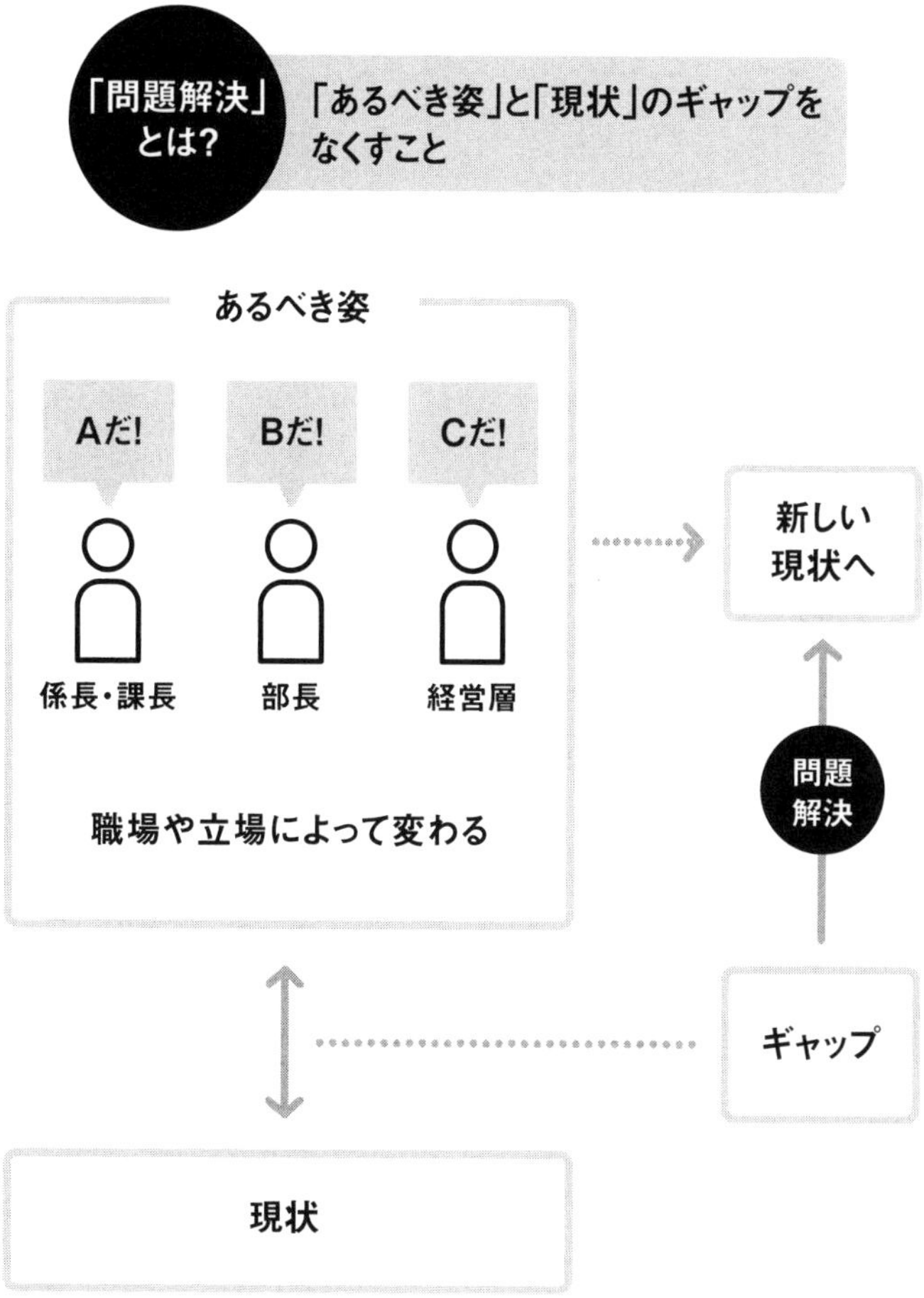
「問題解決」とは?
「あるべき姿」と「現状」のギャップをなくすこと
あるべき姿
Aだ!
Bだ!
Cだ!
係長・課長
部長
経営層
職場や立場によって変わる
新しい現状へ
問題解決
ギャップ
現状

が意識化できていないところで問題が発生し、進行していることもあります。

だからこそ、「あるべき姿」を考えることは、大きな意味を持っています。

たとえば、ある商品の「品質」について、完成品が不ぞろいでバラツキが出てしまっていることを「手づくり感があっていいいんじゃないか」と、生産者側が言い訳のように考えることがあります。

もちろん、購入する側も魅力として評価してくれているならばかまいません。たしかに、店先に並んでいる表情の違う商品の中から自分だけのお気に入りを選ぶことが、豊かな購買体験の一つになることはあります。

しかし、インターネットで購入された場合、Ｗｅｂサイトで見た画像と、届けられた実物の違いからお客様に違和感を持たれてしまったら、その「バラツキ」は往々にしてクレームのもとになります。

「商品が不ぞろいなのは『あるべき姿』なのか。自分たちの商品が目指していることなのか。本当にお客様のメリットになり、お客様が望んでいることなのか」と問い直すことで、問題が浮き彫りになります。

つまり、発生型問題解決とは、見えているかいないかにかかわらず、すでに起きている問題を「あるべき姿」とのギャップから自覚し、解決していくことだといえます。

②設定型問題解決

これは、現時点で目標を達成できており、当面は特段問題ないが、**あえて高い次元に「あるべき姿」を設定し、それをクリアするためには何が問題かを導き出して対応していく**ものです。内部および外部の環境変化によって、将来に訪れるであろう事態に備えて先手を打つことも含まれます。

たとえば、

「現在のコピー用紙の使用量は基準をクリアできている。

しかし、突発的にテレワークに移行せざるをえない場合もスムーズに業務遂行できるように、さらなるペーパーレス化を進め、1年後にコピー用紙の使用量を3分の1まで削減する」

「今期はすでに、目標とした売上目標を毎月安定的に達成できるようになった。

しかし、来期は法令変更による売上減少が見込まれるので、キャッシュ確保のためにも第三四半期中に売上を1・2倍に伸ばす戦略を立てる」

「現時点での人員は、質・量ともに充足している。

しかし、2年後に定年退職を迎える従業員が多いので、中途および新人の採用計画・研修制度を今年中に見直す」

などになります。

おおむね半年から3年後の短期的な期間を視野に置いて、自ら積極的に「あるべき姿」とのギャップをつくり出し、問題を先取りして解決していきます。

なお、「まだ問題になっていないこと」に取り組むので、マネージャーが独断で「あるべき姿」を想定して進めていくことは難しいでしょう。上司や会社の了解と協力を得ることが基本的に必要です。

③ビジョン指向型問題解決

これは、設定型問題解決を発展させたものです（現在のトヨタでは「目標指向型問題解決」といわれています）。

設定型問題解決が短期的な将来の「あるべき姿」を描くのに対して、ビジョン指向型では**中長期的な視野で、世界経済や社会情勢など大きな視点から未来の「あるべき姿」を設定**します。世界経済や社会情勢のような「背景」まで捉える点が、設定型との大きな違いです。

ここでいう「背景」とは、トヨタの場合、次のようなものです。

「世界の経済情勢は、これからどのような動きを見せるか」
「世界の自動車産業はどのような状況か。今後どうなるか」
「ＳＤＧｓなどの新潮流は、これからどのような影響を与えそうか」

また、新聞やニュースなどの情報を読み込むなど自分の視野を広げる訓練をし、大きな外部環境の分析ができるようになったうえで、

「トヨタはどうあるべきか」
←
「自分の部署はどうあるべきか」
←
「自分がすべきことは何か」

と、身近なところまで問題を下ろしていき、ビジョン指向型問題解決に沿ったテーマを見つけていきます。

CHAPTER 6

方針管理

LECTURE 2

「3つの問題解決」と「方針」の関係を押さえよう

「3つの問題解決」はつながっている

前項で述べた**「3つの問題解決」の違いは、根本的には時間軸、空間軸をどこまで広げて「あるべき姿」を設定するか**だけです。

発生型問題解決はまさに今現在、設定型問題解決は近い将来、ビジョン指向型問題解決は中長期の未来に「あるべき姿」を設定しています。

そして、それぞれの問題解決において、自らの役職の立場で、「何がギャップとなっていて、何を解決すべき課題とするか」を考えることになります。

なお、一般的には、「あるべき姿」として捉えるテーマの大きさから、発生型問題解決は係長から一般社員、設定型問題解決は課長から部長、ビジョン指向型問題解決は部長から経営層が主に学び、取り組むものではありません。

しかし、「一般社員だから、ビジョン指向型問題解決は関係ない」ということにはなりません。

これには、2つ意味があります。

一つは、世界経済や社会情勢など、大きな視点から未来の「あるべき姿」を導き出す役割を担うのは、何も経営層に限らないこと。

商品開発を担当している社員が「新分野への参入が自社の生命線」と考えて、ビジョン指向型問題解決から「あるべき姿」を提示し、「自社の強みを生かした画期的な新商品を新分野へ投入する提案」へとつなげていくこともあるのです。


もう一つは、先に示したとおり、ビジョン指向型問題解決で示された「あるべき姿」を実現するためには、各自がそれぞれの職務にブレークダウンすること、つまり、「自分が取り組むべきことは何か」を自力でかみくだいて考えられるようになることが求められるからです。

言い換えると、ビジョン指向型問題解決は、実行段階で、各自が設定型問題解決、発生型問題解決として捉え直すように求められるのです。

たとえば、先ほどの例で、営業部や人事部の部課長が「新分野参入に備えて、営業職の勉強会を定期開催して知識力を高めておこう」という対応を取ったとします。これは、上位の「あるべき姿」を設定型問題解決のテーマとして置き換えた例です。

生産現場で係長や一般社員が「現在、不良削減に取り組んでいる部品は新分野の新商品にも使われるので、目標達成の時期を前倒ししよう」とすることは、さらに発生型問題解決にまでブレークダウンしているといえます。

つまり、**イノベーションの実現や企業の未来像の具現化には、各階層による日常的な問題解決の積み重ねが欠かせない**のです。

「トヨタが改善を基本にしている」のは、単に働き方を効率化する、原価を下げるといったことのためだけではなく、こうした問題解決の体系が企業の革新力を生み出すと知っているからです。

なお、実際に問題解決していく際に、先に紹介した「問題解決の8ステップ」を使う点は共通しており、3つの問題解決でノウハウが大きく変わるわけではありません。

だからこそ、多くのトレーナーは、指導に入った先でまず「今、仕事で困っているこ

「3つの問題解決」はつながっている

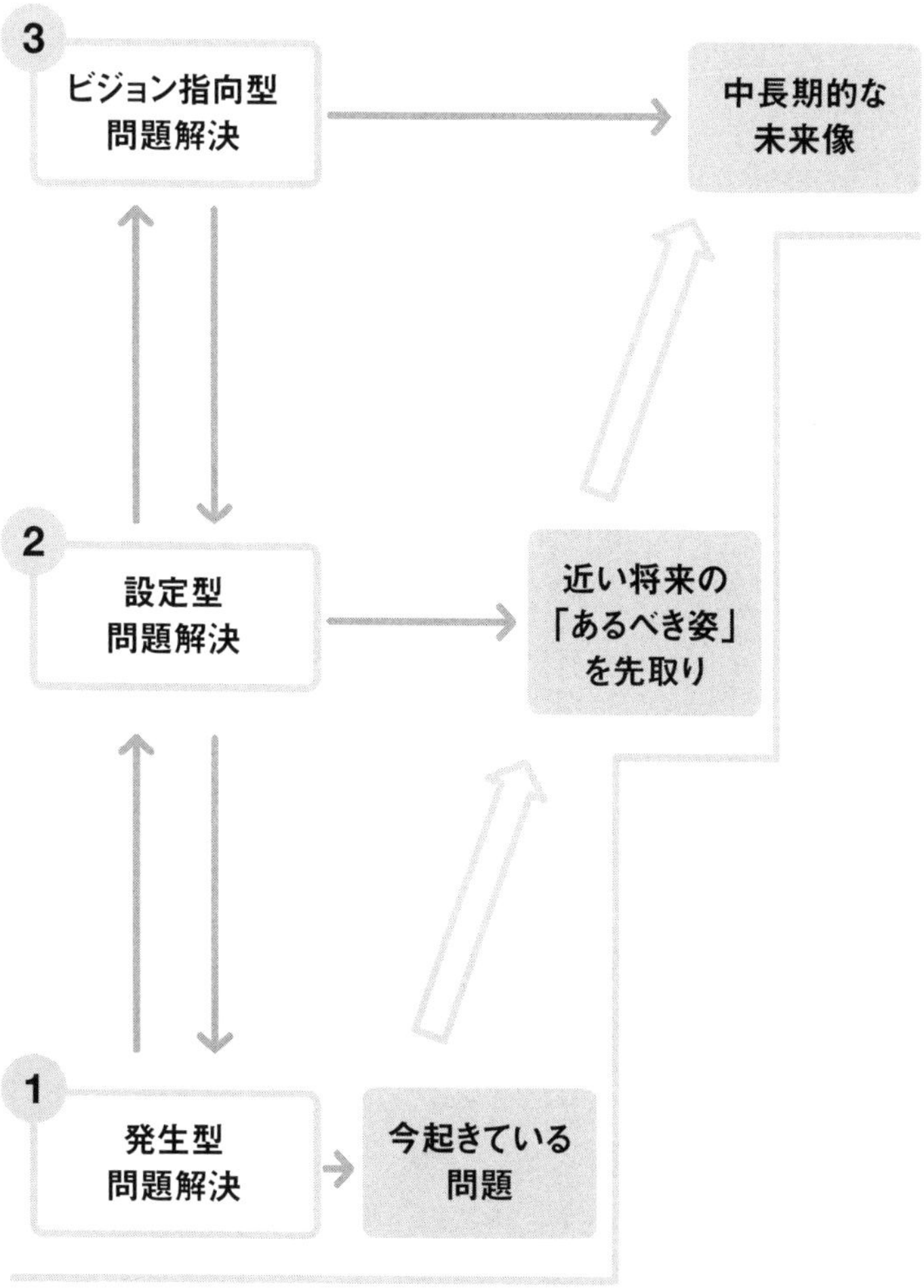

と」を改善のテーマにすることから始め、問題解決のトレーニングを発生型→設定型→ビジョン指向型の順に積ませていきます。

3つの問題解決は、業務のプロセスとしても、習得のプロセスとしても、つながっているのです。

「3つの問題解決」と方針管理は表裏の関係

3つの問題解決と、日常管理板の方針・目標の設定、すなわち「方針管理」は、深い相関関係にあります。

本書において、日常管理板の実践例やつくり方などで示してきたのは、主に「今困っていることをどう改善するか」についてであり、ほとんど「発生型問題解決」に類します。

しかし、本質的にはCHAPTER1で定義したように、日常管理の最終的な行き先は「会社方針をブレークダウンして、自分の職場の方針とすることで、経営層が向かいたい方向へ進んでいける」ようにすることです。

全社的なマネジメントの観点でいえば、ビジョン指向型問題解決で設定される「あるべき姿」とは、会社の未来を描く、まさに日常管理板の最上位に置かれる「企業ビジョン」

「3つの問題解決」と方針策定

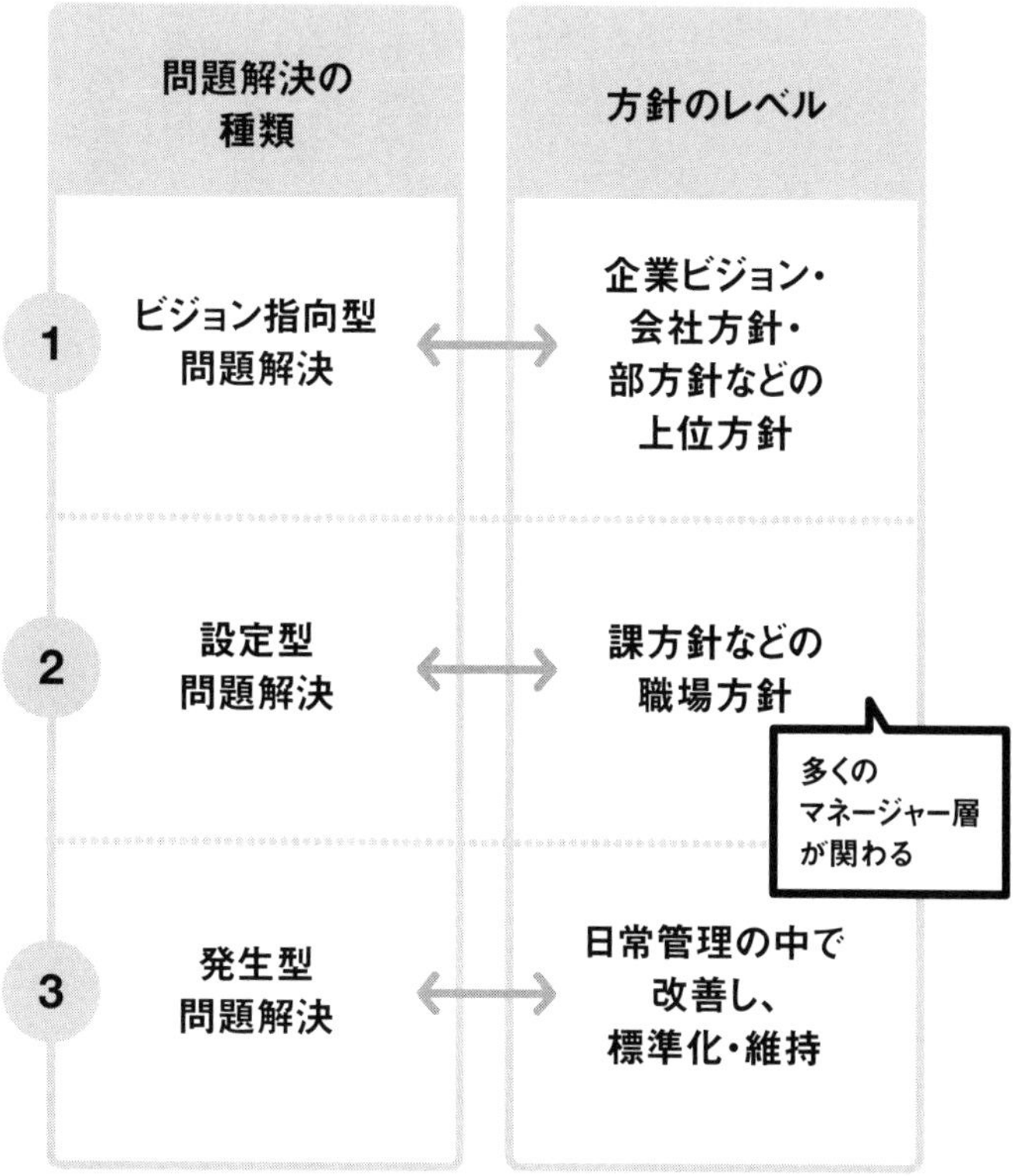

「会社方針」そのものです。

各職場で設定する方針は、はじめはその職場に限定された小さな取り組みでかまいませんが、本来は上位の大きなビジョンを持った会社方針から部方針や課方針などに順に落とし込まれ、導き出されたものであるべきです。

先ほど、設定型問題解決は「上司や会社の了解と協力を得ることが基本的に必要」と書きました。これは、「各職場の方針は、上位方針に沿って設定されるべき」ということと並行関係にあることがご理解いただけると思います。

こうして、自分が管理している職場に合うように、方針を咀嚼して変換させることが、マネージャーとしての重要な役割になります。

CHAPTER 6

方針管理

LECTURE 3

「方針管理×日常管理」でマネジメントする

方針管理とは？　日常管理とは？

トヨタでは、方針管理と日常管理を以下のように位置づけています。

①方針管理

会社の長期的なビジョンを実現するため、ビジョンから具体的な目標に落とし込まれた中期経営計画や単年度の会社方針を達成することを目指して、改革を担う活動です。中期経営計画や単年度の方針を定めることで、重点的に取り組む課題を明らかにし、企業のトップ以下全員がそれぞれの立場で目標と問題解決の方策、実行計画を立案して取り組みます。

そして、節目ごとに途中経過をチェックしてフォローするという、いわゆる管理の「PDCA」のサイクルを回して企業体質を強化していくシステムと定義されています。

②日常管理

一方、日常管理とは、改善を通してしくみや成果を標準化して、正常な状態を維持する活動です。

方針管理の「PDCA」に対して、「SDCA」のサイクルを回すとも表現されます。「S」とはStandardize、すなわち「標準化」です。

毎日の始業前の点検など、正常な状態を守るために決めた「標準」を職場全員に日々着実に実施させ、チェックとフォローを繰り返していくことがマネージャーには求められます。

日常管理で土台を築き、方針管理で高みを目指す

日常管理は会社のビジョンを達成させる力になるものですが、日常管理だけではタイムリーに大きな成果を得ることはできません。また、今現在起きている問題に対する視点が

方針管理と日常管理の位置づけ

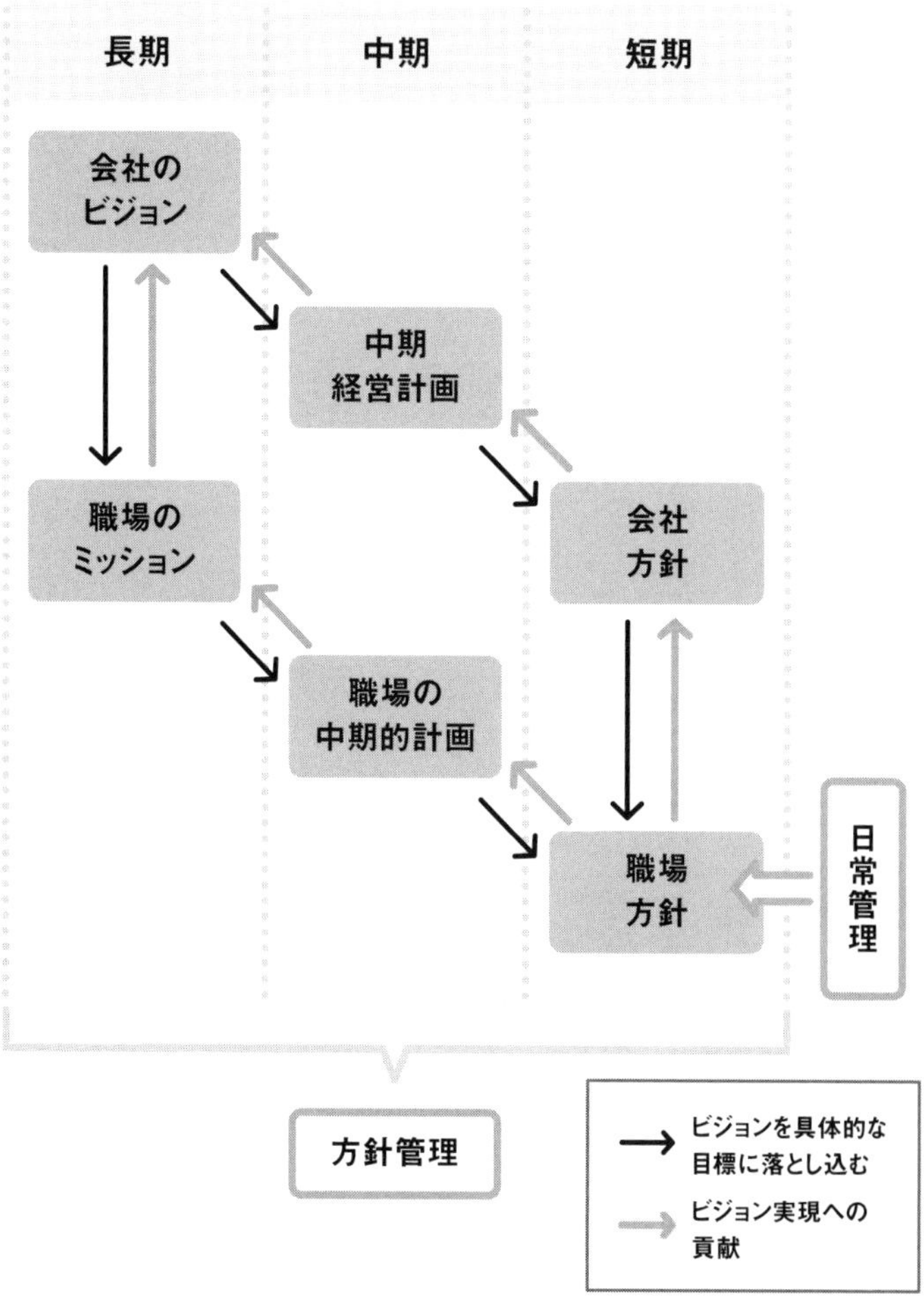

中心で、先を見据えた方針はともなわないため、急激な環境の変化が起きた場合、対応できないリスクもあります。

一方で、方針管理だけでは、設定した高い目標を仮に実現できても、一過性で終わってしまいがちです。

たとえば、支社長が替わり、ある問題を解決する改善のしくみをつくって成果を出したが、推進役の支社長が転勤していなくなると、改善活動が止まり、また同じ問題が起きてしまう……というのは非常によく見聞きするケースです。

これは、単にトップダウンの命令に従っていただけで、しくみが定着していない状態、つまり日常管理が機能していない状態といえます。

企業体質のレベルを上げ、大きな成果を上げるためには、日常管理で着実に土台を固めながら、方針管理によって計画的に高い目標を達成することを目指すという、日常管理と方針管理の2つの「管理」を同時に回していくことが重要なのです。

方針管理と日常管理の成長線

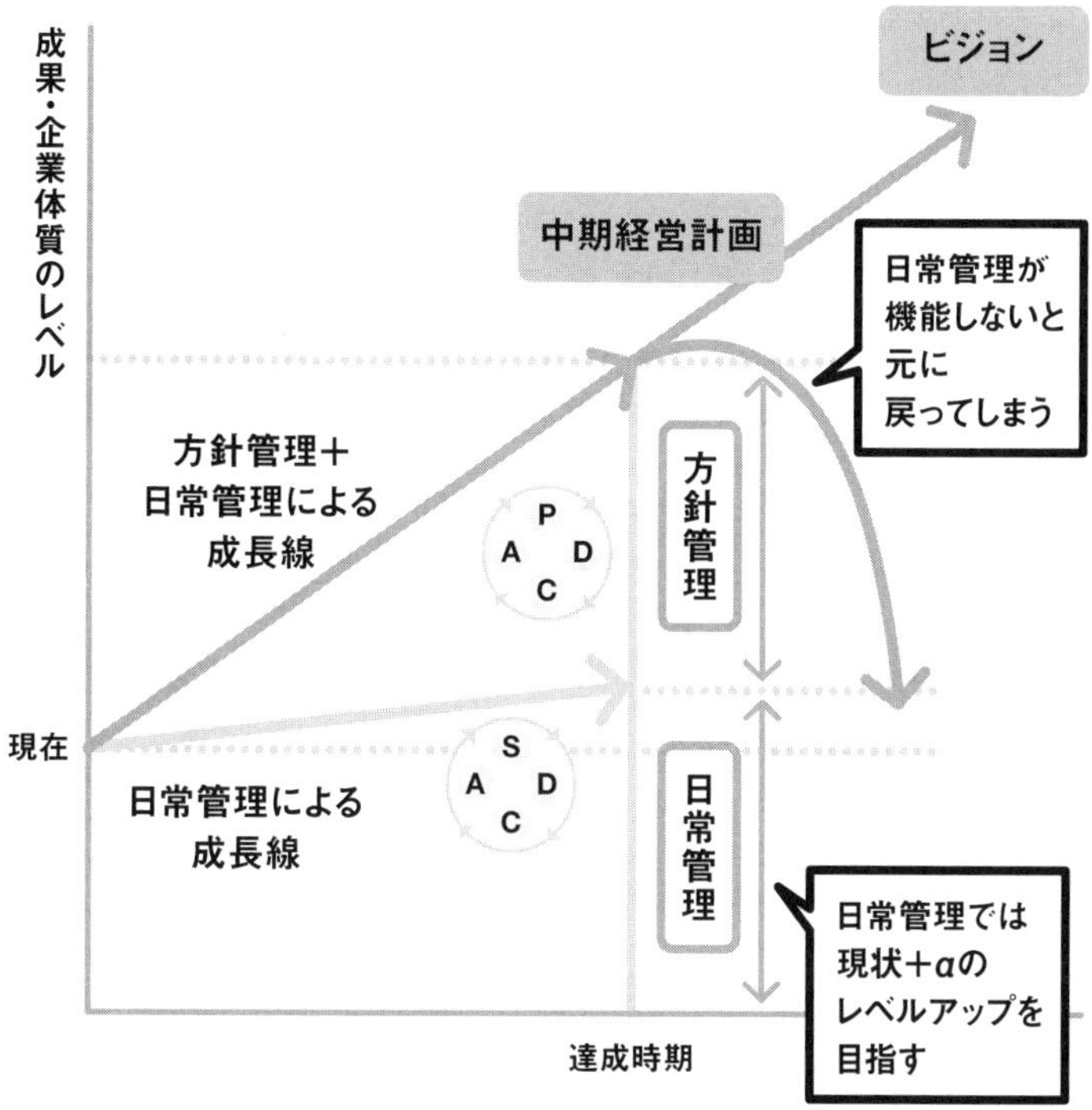

CHAPTER 6

方針管理

LECTURE 4

上位方針をもとにした職場方針のつくり方

方針と現場、両方を深く理解して目標を設定する

「職場方針は上位方針からブレークダウンされる」という面について、ここまで強調してきました。しかし、それは、トップダウンで下りてきた方針をただ言われるままに忖度して自職場での活動に読み替える、ということではありません。

もし、課長の立場であるならば、上位方針である部方針に対して、どのような課方針にするかについては、上位階層の部長とすり合わせるとともに、下位の係長ともすり合わせを十分に行ったうえで策定作業を進めていきます。

方針策定にあたっては、「あるべき姿」と現状とのギャップをあぶり出し、課題を抽出

するために考慮する要件として5つが挙げられます。

①職場のミッション
②上位方針と環境変化・将来予測
③職場の目指す姿
④業務遂行上の課題
⑤職場マネジメントの反省に基づく改善課題

①〜③は企業ビジョンから下ろされてくるものなのに対し、④⑤は現場で見出されるものです。

しかし、それぞれを別のものと捉えてしまうと、取り組むべきことが散在することになってしまいます。

そうしたことを避けるためにも、トレーナーの大嶋は、上位方針が示す課題と、現場が抱えている問題とを結びつけて、自職場の方針の目標に設定することが必要だと言います。

「たとえば、上位方針が『品質重視の1年にしよう』だったとします。

しかし、その観点で自職場を見たとき、不良率では、品質問題はすでにクリアできている場合はどうするか。この場合、ほかに『品質重視』というテーマに沿った課題が残されていないか、考えます。このときに参照したいのが日常管理のデータです。

日常管理のデータを振り返ってみて、たとえば、『数は少ないが、繰り返し起きている不良がある』とわかれば、『再発防止策の徹底を』を課題にすることができます。

つまり、マネージャーは、方針と現場の両方への深い理解が欠かせません。上位方針の意図や背景を正しく理解しつつ、現場の強みや弱みなどの現状もしっかり把握したうえで、目標を設定していくのです」

日常管理板が方針立案を楽にし、やる気も高める

方針は年度単位で立てることになりますが、そのために、これまでためた日常管理のデータを引っ張り出してきて考え始めていたのでは、時間がいくらあっても足りません。

トレーナーの生駒は、**「方針を楽に立てるために、日常管理板が役立つ」**と言います。

「日常管理の中で『あるべき姿』と『現状』のギャップとして発生した問題は、そのたび

に、**『気づいたことメモ』として、現場で気づいた人に日常管理板に貼りつけさせ、残しておく**のです。

たとえば、小売店で担当ごとに包装の品質・時間が違うことに気づいた場合、本来バラツキは発生してはいけないものですから、これを「気づいたことメモ」として貼りつけます。

そして、年の中間や四半期など、これまでの取り組みをチェックするタイミングで、この蓄積した『気づいたことメモ』を振り返ります。メモを並べてみて、各問題の重要度や緊急度、拡大傾向（問題がなかなか鎮火できず、延焼し続けている）などを検証します。

また、問題解決にあてられる人的・物的リソースは無限ではありません。そうした状況も踏まえて、上司や職場のメンバーと議論しながら、ピックアップされたメモの中から優先順位が高いものを決めて、来期の方針にするのです。

これにより、会社の業績に寄与できる方針をスムーズに立案できるようになります」

また、**「現場の意見が織り込まれた方針は、現場の達成意欲を向上させる」**と指摘するのは、トレーナーの杢原《もくはら》です。現場の達成意欲は、方針の理解度を測るリトマス紙にもなると言います。

「自分たちの意見が取り入れられれば、現場は『もっとやってやろう』とやる気がアップするものです。

やる気がアップすると、また一層、方針をよく理解し、自分たちでもよりよく変えていくための方策を考えるようになります。そうすると、さらに適切に、現場の意見を方針に反映できるように変わっていきます。

ですから、逆に、『あまり現場の意見を反映できていないな』と感じたら、それは方針に対する現場の理解度が低いサイン。あらためてしっかり説明して理解させ、現場が進むべき方向を正していく必要があります」

「創意くふう」で改善の動機づけをする

方針に反映できる問題を見つけさせるには、現場に方針への理解を深めさせるとともに、改善ネタを積極的に探し、多く挙げさせるように仕向けなければなりません。

李原はトヨタで、現場で困っていることを2つに分けて、現場の意欲向上を図っていたと言います。

「『現場の困りごと』のうち、大きなものは方針に織り込んで対策を実施し、小さなものは『創意くふう』として会社にどんどん提案させて評価を受けられるようにしていました。

『大きなもの』とは、時間をかけて職場全員で取り組まなければいけないようなもの、『小さなもの』とは物の置き方の変更による生産性向上やチェックリスト導入によるミス低減などのことです」

『創意くふう』とは、トヨタで行われている従業員による改善提案制度です。日々の業務の中で気づいたこと、こうしたほうがいいというものがあったら、Ａ４サイズの用紙１枚にまとめて上司に提案します。

毎月、工場単位で優秀な提案が選ばれ、工場代表の提案となると、トヨタの『創意くふう委員会』で審査されます。最終的に素晴らしい提案だと評価されると、賞金がもらえるしくみになっています。

また、創意くふう提案制度の簡易版ともいうべき、**「３行提案制度」**もあります。

こちらは、**「問題」「改善策」「効果」の３項目について１行ずつ書けばよい**もので、書くことに苦手意識がある人でも参加しやすいように配慮しています。期間従業員など、社員でなくても提案でき、有益な提案と認められれば、少額ですが報奨金が出ます。

このように、より多くの改善提案が出るように、問題発見の意欲を高めるしくみをつくって現場を刺激します。

もし、たどり着いたのが小さな改善であったとしても、頑張った見返りを現場に還流することでモチベーションを高め、改善に前向きになれるようにしているのです。

取り組みの内容・期限を明確にする

職場方針や目標が決まったら、CHAPTER1、3で示してきたとおり、達成されたかどうか、成果を把握するための評価基準である「管理指標」を設定します。

また、管理指標に到達するためには、どのように問題解決していくか、具体的な実行計画を立てます。

その際に重要なのは、「誰が、いつまでに、どの箇所の、何を、どのくらい」目指すのか、実施するのかを明確にすることです。

CHAPTER5でも「日常管理板では、職場方針に対して、『誰が』『いつまでに』

取り組みの内容や期限を明確にする

1 方針・目標

具体的な行動がイメージできる表現にする

- 何を目的に
- 何を対象に
- 現状からどう変えるか

2 管理指標

成果を把握する評価基準を設定

- 何を評価尺度・指標として
- 目標値をどのくらいにし
- いつまでに達成するか

3 実行計画

具体的な活動を決める

- 誰が主たる担当者となり
- どこの職場や組織を対象に
- いつまでに
- 何を実施するか

『何をやる』を明確にします」と書きましたが、これは方針から実行計画に至るまで、すべてのプロセスで必要なポイントです。

①方針・目標　「何を目的として、何を対象にして、どうする」というように、具体的な行動がイメージできる表現にします。

②管理指標　「何を評価尺度・指標として、目標値をどれくらいにし、いつまでに達成するか」が、誰でもブレることなく理解できるように設定します。

③実行計画　「誰が主たる担当者となり、どの職場や組織を対象にして、具体的に何をいつまでに実施するか」を決め、関連するすべての従業員に徹底します。

方針管理は着実な日常管理を土台に推進していきますが、日常管理の担い手である現場を掌握し、統率する力が、マネージャーには求められるのです。

CHAPTER
6

方針管理

LECTURE
5

点検で確認するのは結果とプロセス

点検で確認したいポイント

マネージャーは現場に出て、日常管理板を介してメンバーとコミュニケーションを取ることが大切です。点検をする際には、具体的には何をチェックすればよいのでしょうか。

前述のとおり、方針管理・日常管理では、管理サイクルから見える「結果に至るプロセス」を重視し、成果を後戻りなく積み上げることを目指しています。よって、目に見える成果だけではなく、次のようにプロセスを点検することが大切です。

- **計画どおりに実施事項を遂行したか**
- **目標の達成状況を「現地現物」で確認したか**

- **目標達成・未達成の真因を突き止め、アクションを取ったか**
- **適切なタイミングで報告・連絡・相談したか**
- **推進体制、人材育成など、マネジメントに関する要望はないか**

また、「マネージャーである自分自身も、職場マネジメントをきちんと遂行できていたか」について、以下が適切に進められたかどうかも点検します。

- **お客様ニーズや職場ミッションを現場の従業員に理解させ、共有する**
- **職場の目指す姿の設定方法、推進体制など**
- **方針の策定・展開**
- **自職場の使命実現に向けた人材育成**
- **自職場の使命実現に向けた職場風土づくり**
- **職場マネジメントに重要な情報の共有・活用**

点検結果をもとに、継続的に改善していくことが「企業体質の強化」につながります。

方針管理・日常管理のＰＤＣＡ／ＳＤＣＡを絶え間なく回し続けていきましょう。

CHAPTER6 まとめ

- 問題解決には、「ビジョン指向型問題解決」「設定型問題解決」「発生型問題解決」の3つがある。
- 「会社方針・部方針」は、「ビジョン指向型問題解決」の問いかけから導き出される課題。
- 上位方針をブレークダウンしてつくる「課方針」は、上司や会社の了解を得て取り組む「設定型問題解決」の課題。
- 今起きている現場の「改善」は「発生型問題解決」の課題。
- 方針管理と日常管理の2つでマネジメントする。日常管理で土台を固めながら、方針管理で高い目標を計画的に達成することを目指す。
- 日常管理板の運用では、成果だけでなくプロセスも点検し、改善する。これが「企業体質の強化」につながる。

おわりに

最後に、日常管理板を導入したあと、多くの経営層の方が抱くささやかな、しかしとても温かな感想で締めたいと思います。

社長や工場長などの方々が「現場に出てください」とトレーナーに言われ、実際にそこで感じるのは、発想の豊かさだといいます。「管理点のグラフをこんなふうに表せるんだ」とか、「こんな改善案を思いつけるんだ」とか、現場の「考える力」に驚かされるという声をよく耳にします。

また、「日常管理板の前に立つと、管理指標を達成しようと頑張っていることがよくわかります。皆の頑張りが『視える化』されていて、ああ、あの彼の、彼女の頑張りはこんなところに寄与してくれているんだと感激して、涙腺がゆるむこともあります」と照れながら告白する経営者もいました。

現場に出てみると、「彼は見た目は派手だが、礼儀正しく挨拶をしてくれる」とか、「彼女が現場のすみで人知れずゴミを拾ってくれている後ろ姿を見た」とか、いろいろなうれしい発見があるという言葉もいただきます。

現場をあずかるマネージャーの身からすれば、ささいなことに思うかもしれませんが、経営層にとっては、現場の一人ひとりが「顔が見える存在」に変わる、大きな出来事なのです。

本書は、「はじめに」で「経営層が目指しているものと、現場が取り組んでいることがひもづいていない」という話から始めました。日常管理板は、そのような会社の状況を変えるために、「従業員一人ひとりの日々の仕事を、チーム全体、ひいては会社全体の目標達成につなげるためのツール」であるだけではなく、「経営層と現場の気持ちや心をもつなげ、近づけるツール」なのだといえます。

企業風土の変革は、きっとこういうところから始まっていくのだと、私たちは信じています。

2021年2月

OJTソリューションズ

㈱OJTソリューションズ
2002年４月、トヨタ自動車とリクルートによって設立されたコンサルティング会社。トヨタ在籍40年以上のベテラン技術者（全員が管理職経験者）が「トレーナー」となり、トヨタ時代の豊富な現場経験を活かしたOJT（On the Job Training）により、現場のコア人材を育て、変化に強い現場づくり、儲かる会社づくりを支援する。
本社は愛知県名古屋市。70人以上の元トヨタの「トレーナー」が所属し、製造・食品・医薬品・金融・自治体など、さまざまな業種の顧客にサービスを提供している。
主な著書に20万部のベストセラー『トヨタの片づけ』（図解版、コミック版もあり）をはじめ、『トヨタ 仕事の基本大全』『トヨタの問題解決』『トヨタの育て方』『トヨタの段取り』『トヨタの現場力』『トヨタの習慣』（すべてKADOKAWA）などがあり、シリーズ累計80万部を超える。

staff
執筆協力　内田順一（Chime of Shigan）
編集協力　鈴木ひとみ
本文デザイン・図版　高橋明香（おかっぱ製作所）
校正　群企画
DTP　ニッタプリントサービス

トヨタの日常《にちじょう》管理板《かんりばん》　チームを１枚《まい》！で動《うご》かす

2021年２月５日　初版発行
2024年４月10日　５版発行

著者／㈱OJTソリューションズ

発行者／山下 直久

発行／株式会社KADOKAWA
〒102-8177　東京都千代田区富士見2-13-3
電話 0570-002-301（ナビダイヤル）

印刷所／大日本印刷株式会社

●お問い合わせ
https://www.kadokawa.co.jp/（「お問い合わせ」へお進みください）
※内容によっては、お答えできない場合があります。
※サポートは日本国内のみとさせていただきます。
※Japanese text only

定価はカバーに表示してあります。

ISBN 978-4-04-602428-2　C0030